分! //

本気やせ ダイエット

3か月で体重60kg→48kg、食べてもやせる!

ダイエットのモチベを上げる人 **まる**

こんにちは！
ダイエットのモチベを上げる人、
まるです。

3か月で12kgやせたら
人生が変わりました！

きっかけ

こんな写真が残るのは
イヤだな

　きっかけは産後9か月のときに友人が撮って
くれた母娘の写真。二重あご、太い二の腕……。
「えっ？　私って、こんなにデブ???」
　と同時に、この写真が娘との思い出に残る
のは絶対にイヤ!!　そう思ったんです。

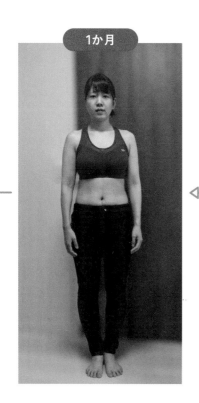

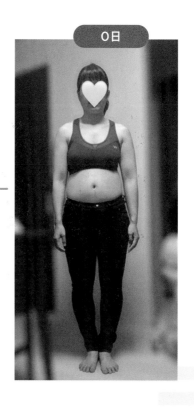

万年ぽっちゃりが
本気でダイエット

　しかも、半年後には結婚式が控えていました。ドレスの下見で気に入ったデザインを試着すると、背中にハミ肉が大量発生……。

　母娘写真とハミ肉ドレスで、「29歳でもこんなにおばちゃん体型になるのか」と落胆した私は、本気で産後ダイエットに取り組むことを決意したのです。

4か月

2021.9.25
#頂点

3か月で-12kg

2か月

運動と食事で
スピーディーにやせる

　とりあえず目指すゴールは、半年後の挙式で7号のドレスを着ること!　すぐに結果が出ないとモチベーションが下がってしまうタイプなので、運動と食事改善を組み合わせて、最初からアクセル全開で取り組みました。

　すると、2週間を過ぎたあたりから、みるみるうちに見た目が変わっていったのです。

目標を
達成したら
自己肯定感が
アップ！

結婚式では自信をもってウェディングドレスを着ることができました！やせた私を見て驚く参列者も多く、本当に嬉しかったです。

結婚式

"ダイエット迷子"を
なくしたい！この本で。

私がやせられたのは「自分の骨格に合ったやり方」だったからと
気づき、インスタで投稿したら大反響！　プラス食べやせ法で、渾
身の「ダイエットの教科書」ができたと思っています!!　あとは……

消えた私の顎と
鎖骨、お帰り！

やれば
絶対に変われる！

本気を出したら
ボンキュッボン！

やせるか。

そのままか。

Let's Try!

PART マジ
1 本気やせ 運 動 編
自分に合ったやり方でみるみる見た目が変わる！
骨格別ちょいトレ

PART
2

本気やせ <ruby>本気<rt>マジ</rt></ruby>やせ 食 事 編

ズボラさんでもするするやせる！
まる式食べやせ法

STAFF

アートディレクション
江原レン（mashroom design）

デザイン
神尾瑠璃子（mashroom design）

撮影 後藤利江

イラスト otete

スタイリング 古賀麻衣子

ヘアメイク 山崎由里子

DTP 山本秀一、山本深雪（G-clef）

校正 文字工房燦光

監修 自分型骨格診断アナリスト あじゅ／トレーナー 宮島秀平

衣装協力 XEXYMIX JAPAN 問い合わせ先：event@brandx.co.jp

編集協力 加曽利智子

編集担当 今野晃子（KADOKAWA）

PART

1

\ 本気やせ /

（マジ）

運 動 編

自分に合ったやり方で
みるみる見た目が変わる!

骨格別ちょいトレ

ダイエットが続かない、つらい、結果が出ない……。
それはあなたのせいではなく、やり方が合っていないだけ。
自分の体に合ったちょいトレで、今度こそ絶対に変われます!!

がんばっているのに
やせない……

ダイエットはつらくて
挫折ばかり……

そんな人にぜひチャレンジしてほしい！

効率よく、楽しくやせる方法を大公開！！

LET'S
GO!!!

骨格別ダイエット

その方法とは、ズバリ!!!

本気（マジ）でやせる秘訣は
自分に合ったやり方を見つけること

すると、結果がすぐに出る！
見た目が変わる!!

ダイエットのモチベが上がる！　楽しくなる!!

まずは、自分の骨格タイプを知る
「骨格診断」からスタートしましょう

「骨格診断」アドバイス

全身が映る鏡の前で自分の姿をしっかり見ながらやろう！　パートナーや友人と一緒に
取り組むと客観的に見てもらえて判断しやすくなるよ。Qは全部で10項目。
イラストを参考に、A、B、Cのなかから最も自分の体に近いものに☑を入れてね。

《 骨格診断 》

Q1
《 上半身 》

首〜肩の
特徴は?

☐ C. 首は長めで、
筋がしっかり見える。
肩幅が広く見えて
気になる

☐ B. 首は細めで長く、
肩まわりは華奢で薄い

☐ A. 首はやや短めで、
肩まわりは丸く見える

Q2
《 上半身 》

鎖骨の
特徴は?

☐ C. 太くてしっかり
している

☐ B. 細く小さい印象
(華奢だと言われる)

☐ A. あまり目立たない

Q3
《 上半身 》

胸の
特徴は?

☐ C. 高さはあるが、
触れたときに脂肪や
筋肉よりも骨を感じる

☐ B. 胸板が薄く、鎖骨
からバストトップに
かけてなだらかな
ライン(えぐれがち)

☐ A. 胸は高さがあり、
筋肉の張りがある
(鳩胸さんが多い)

Q4
《 上半身 》

腕の真ん中
あたりを
つまんだ
質感は?

☐ C. 皮膚が薄く、
つかみにくい or
皮がよく伸びる

☐ B. ふわふわやわらか
い質感

☐ A. 跳ね返すような
弾力のある質感

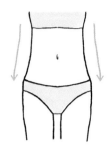

☐ C. くびれのカーブは
目立たず、ラインが
直線的

☐ B. 腰の位置が低め、
S字のなだらかな
くびれがある

☐ A. 腰の位置が高めで
くびれが目立たない
or「くの字」に
急カーブしている

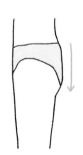

☐ C. 立体感や肉の
厚みが目立たない
（ぺたんこになりやすい）

☐ B. どちらかというと
下向き、筋肉が少なく
下がりやすい

☐ A. どちらかというと
上向き、立体的で厚み
と高さがある

☐ C. 太ももの太さは
あまり目立たない

☐ B. 前ももよりも外側の
張りが目立つ。横から見
るよりも正面から見た方
が太く見える

☐ A. 前ももが張りやすく、
正面から見るよりも横か
ら見たときに太く見える

Q8

《 下半身 》

ひざや
ひざ下の
特徴は?

☐ **C.** ひざの皿が大きく、
すねの骨が太い

☐ **B.** ふくらはぎが太めで、
すねが外側に湾曲傾向

☐ **A.** ひざの皿の大きさは
普通で、ひざ下が細い

Q9

《 全身 》

手足の
特徴は?

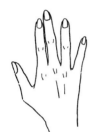

☐ **C.** 身長の割に
手足が大きく、
筋や関節が目立つ

☐ **B.** 身長との
バランスは標準的、
手の指が細く長い

☐ **A.** 身長の割に手足が
小さく、手のひらに
厚みがある

Q10

《 全身 》

太ったときに
気になる
のは?

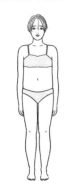

☐ **C.** 体全体が
ひとまわり大きくなる

☐ **B.** 下半身、
特に太もも

☐ **A.** 上半身の厚み、
浮き輪肉や二の腕

「骨格診断」結果

* Q1〜Q10で☑した A、B、Cの数を下の表に記入しましょう。

── A ──	── B ──	── C ──

▼　　　　　　　　▼　　　　　　　　▼

Aが
一番多かった人は…

骨格
ストレートさん

Bが
一番多かった人は…

骨格
ウェーブさん

Cが
一番多かった人は…

骨格
ナチュラルさん

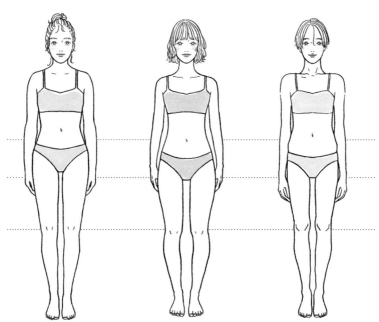

▶ 特徴はP20
▶ おすすめトレーニングは
　P36

▶ 特徴はP22
▶ おすすめトレーニングは
　P50

▶ 特徴はP24
▶ おすすめトレーニングは
　P68

A — B — C

4　1　5

のように数が分かれた場合は…
ミックスタイプかも!

迷ったときには、Q1〜Q10で☑したA、B、Cの数を、
改めて下の表に記入してみてください。

	A	B	C
Q1-5 《 上半身 》のチェック			
Q6-8 《 下半身 》のチェック			
Q9-10 《 全身 》のチェック			

▶ それぞれの☑が
一番多かった
骨格タイプの
トレーニングを!

\ 例えば… /

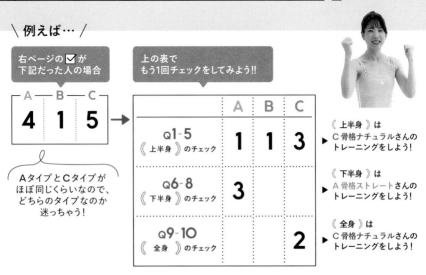

右ページの☑が
下記だった人の場合

A — B — C

4　1　5

AタイプとCタイプが
ほぼ同じくらいなので、
どちらのタイプなのか
迷っちゃう!

→

上の表で
もう1回チェックをしてみよう!!

	A	B	C
Q1-5 《 上半身 》のチェック	1	1	3
Q6-8 《 下半身 》のチェック	3		
Q9-10 《 全身 》のチェック			2

《 上半身 》は
▶ C 骨格ナチュラルさんの
トレーニングをしよう!

《 下半身 》は
▶ A 骨格ストレートさんの
トレーニングをしよう!

《 全身 》は
▶ 骨格ナチュラルさんの
トレーニングをしよう!

skeletal **STRAIGHT**

健康的なメリハリボディ!!

KEYWORD | メリハリ・ゴージャス

筋肉がつきやすく体全体に厚みがある立体的なメリハリボディ。
肌にハリと弾力があるのが特徴です。

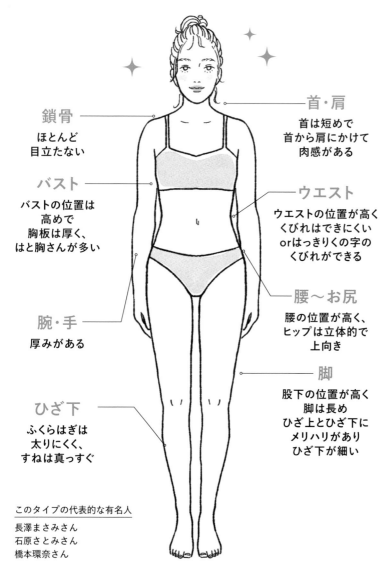

鎖骨
ほとんど
目立たない

バスト
バストの位置は
高めで
胸板は厚く、
はと胸さんが多い

腕・手
厚みがある

ひざ下
ふくらはぎは
太りにくく、
すねは真っすぐ

首・肩
首は短めで
首から肩にかけて
肉感がある

ウエスト
ウエストの位置が高く
くびれはできにくい
orはっきりくの字の
くびれができる

腰〜お尻
腰の位置が高く、
ヒップは立体的で
上向き

脚
股下の位置が高く
脚は長め
ひざ上とひざ下に
メリハリがあり
ひざ下が細い

このタイプの代表的な有名人
長澤まさみさん
石原さとみさん
橋本環奈さん

A

骨格 **ストレート** さん はこんなタイプ！

骨格ストレートさんの
太りやすい部位

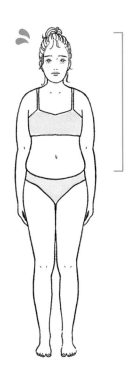

上半身が
むちっとしやすい！

肩がもっこり、
二の腕は
太りやすい

浮き輪肉が
つきやすい

前ももが
張りやすい

筋肉が
つきやすく、逆に
太って見える

DIET POINT

ダイエットのポイントは……

☑ **筋肉がつきやすいので、**
筋トレよりも有酸素運動がおすすめ！

☑ **浮き輪肉の引き締めは、**
背中を大きく動かすのがポイント！

☑ **スクワットは前もも大きくなりがち。**
筋トレを控えて有酸素！

▶ **トレーニングメニューはP36へLet's go！**

＼一言で！／
まず有酸素
やっとこ！

やわらかなカーヴィーボディ!!

KEYWORD | ふんわり、華奢

筋肉よりも脂肪がつきやすい、骨が細くて薄い華奢なボディライン。
肌はふわふわ柔らかい質感です。

B

骨格ウェーブさんはこんなタイプ！

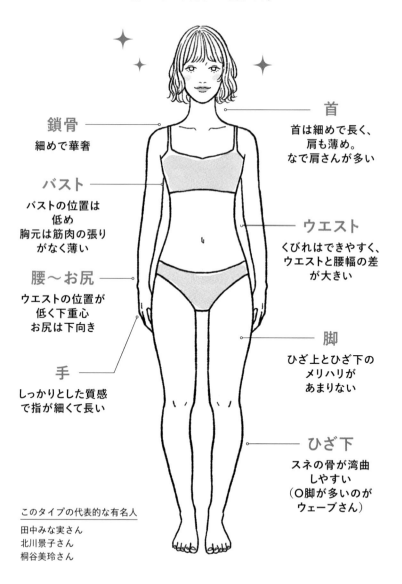

鎖骨
細めで華奢

バスト
バストの位置は
低め
胸元は筋肉の張り
がなく薄い

腰〜お尻
ウエストの位置が
低く下重心
お尻は下向き

手
しっかりとした質感
で指が細くて長い

首
首は細めで長く、
肩も薄め。
なで肩さんが多い

ウエスト
くびれはできやすく、
ウエストと腰幅の差
が大きい

脚
ひざ上とひざ下の
メリハリが
あまりない

ひざ下
スネの骨が湾曲
しやすい
（○脚が多いのが
ウェーブさん）

このタイプの代表的な有名人

田中みな実さん
北川景子さん
桐谷美玲さん

骨格ウェーブさん の 太りやすい部位

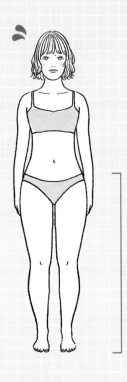

下半身がむちっとしやすい！

脚が
むくみやすい

ふくらはぎが
張りやすい

お尻が
大きくなりがち

いわゆる
"洋梨型"体形
になりやすい

DIET POINT

ダイエットのポイントは……

- ☑ **お尻が育てば脚は自然にやせる！**
  少しだけ筋トレがんばるよ！
- ☑ **寝てテレビを見ながらでもできる！**
  脚パカで内ももの隙間ぶち抜くよ！
- ☑ **フォームローラーで効率よく**
  むくみを解消して脚やせ体質になろう！

▶ トレーニングメニューはP50へLet's go!

＼一言で！／
お尻は育てて
脚はほぐす！

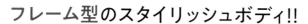

skeletal **NATURAL**

フレーム型のスタイリッシュボディ!!

KEYWORD | カジュアル、ラフ、スタイリッシュ

手足が長くしっかりとした骨格で、フレーム感が際立つスタイリッシュな体形。
肌はドライな質感の人が多いのも特徴です。

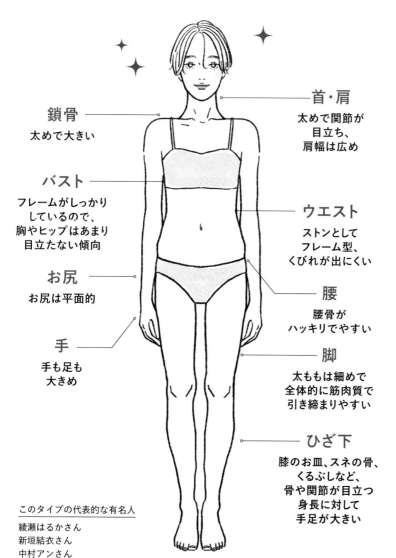

鎖骨
太めで大きい

バスト
フレームがしっかり
しているので、
胸やヒップはあまり
目立たない傾向

お尻
お尻は平面的

手
手も足も
大きめ

首・肩
太めで関節が
目立ち、
肩幅は広め

ウエスト
ストンとして
フレーム型、
くびれが出にくい

腰
腰骨が
ハッキリでやすい

脚
太ももは細めで
全体的に筋肉質で
引き締まりやすい

ひざ下
膝のお皿、スネの骨、
くるぶしなど、
骨や関節が目立つ
身長に対して
手足が大きい

このタイプの代表的な有名人
綾瀬はるかさん
新垣結衣さん
中村アンさん

C

骨格
ナチュラル
さん
はこんなタイプ！

骨格**ナチュラル**さん の
太りやすい部位

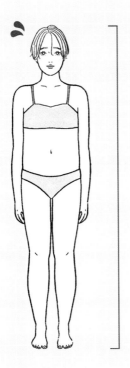

体全体が大きくなって
まんべんなく太る！

太ると
全身が大きく
見えてしまう

くびれが
出にくい

お尻が
ぺたんこに
なりやすい

骨格が
しっかり
しているので、
がっちり
見えてしまう

DIET POINT

ダイエットのポイントは……

☑ まずはぺたんこお尻解消トレから！
即、下半身垢抜ける！

☑ くびれを作って一気に美スタイルに！
同時にお腹やせなら筋トレ一択

☑ 骨や関節がしっかりとしているので
ストレッチでしなかやさを出す！

▶ トレーニングメニューはP68へLet's go!

\ 一言で！／
くびれ&尻を
やれば優勝！

トレーニング一覧

毎日1つか2つのトレーニングから始めてみよう！
まるのインスタに送る習慣を付けると、楽しく続けられるよ♪

★スマホで撮ったリスト画像に、手書きでチェックを入れる方法。インスタのストーリー投稿画面で、右上の「・・・」を押すと「落書き」ツールが選択できます。あとは好きな色、太さで自由に指でチェック☑や日付を描いてみて！@honkidasumaru のメンションも忘れずに。

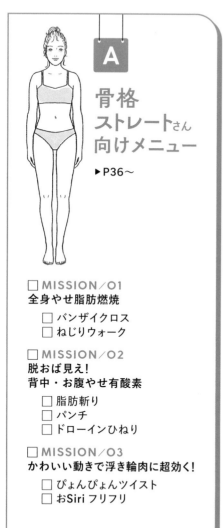

A

骨格
ストレートさん
向けメニュー
▶P36〜

□ MISSION／O1
全身やせ脂肪燃焼
　□ バンザイクロス
　□ ねじりウォーク

□ MISSION／O2
脱おば見え！
背中・お腹やせ有酸素
　□ 脂肪斬り
　□ パンチ
　□ ドローインひねり

□ MISSION／O3
かわいい動きで浮き輪肉に超効く！
　□ ぴょんぴょんツイスト
　□ おSiri フリフリ

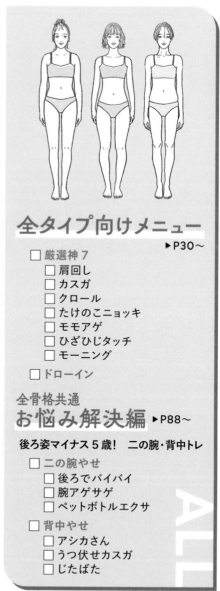

全タイプ向けメニュー
▶P30〜

□ 厳選神7
　□ 肩回し
　□ カスガ
　□ クロール
　□ たけのこニョッキ
　□ モモアゲ
　□ ひざひじタッチ
　□ モーニング
□ ドローイン

全骨格共通
お悩み解決編 ▶P88〜

後ろ姿マイナス5歳！　二の腕・背中トレ

□ 二の腕やせ
　□ 後ろでバイバイ
　□ 腕アゲサゲ
　□ ペットボトルエクサ

□ 背中やせ
　□ アシカさん
　□ うつ伏せカスガ
　□ じたばた

ALL

骨格別ダイエット

やるべきことがひと目でわかる！

「骨格診断」で自分の骨格タイプがわかったら、
やったところにチェック☑を入れよう！　その画像を、

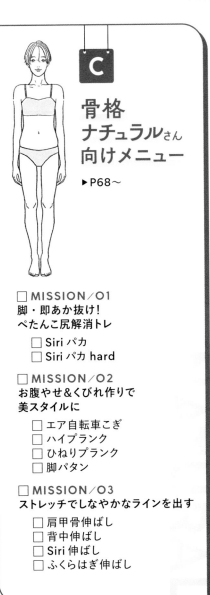

C 骨格ナチュラルさん向けメニュー

▶P68〜

□ MISSION／01
脚・即あか抜け！
ぺたんこ尻解消トレ

- □ Siri パカ
- □ Siri パカ hard

□ MISSION／02
お腹やせ&くびれ作りで
美スタイルに

- □ エア自転車こぎ
- □ ハイプランク
- □ ひねりプランク
- □ 脚パタン

□ MISSION／03
ストレッチでしなやかなラインを出す

- □ 肩甲骨伸ばし
- □ 背中伸ばし
- □ Siri 伸ばし
- □ ふくらはぎ伸ばし

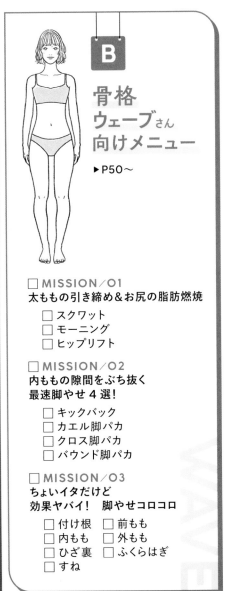

B 骨格ウェーブさん向けメニュー

▶P50〜

□ MISSION／01
太ももの引き締め&お尻の脂肪燃焼

- □ スクワット
- □ モーニング
- □ ヒップリフト

□ MISSION／02
内ももの隙間をぶち抜く
最速脚やせ4選！

- □ キックバック
- □ カエル脚パカ
- □ クロス脚パカ
- □ バウンド脚パカ

□ MISSION／03
ちょいイタだけど
効果ヤバイ！　脚やせコロコロ

- □ 付け根　□ 前もも
- □ 内もも　□ 外もも
- □ ひざ裏　□ ふくらはぎ
- □ すね

本気（マジ）やせダイエット

Before の写真を撮る
＝絶対モチベになる

トレーニングを始める前に、おさえておきたいポイントを紹介します。

本気やせの第一歩は
今の自分の姿と向き合うこと

私が本気でやせようと思ったときに、まずやったのは〝今の自分の姿を撮ること〟でした。

その写真（左ページ上段）を見て、自分のおばさん化に愕然としましたが、同時に「1か月後の娘の誕生日、半年後の結婚式までに絶対変わるぞ！」とダイエットへのやる気がメラメラと燃えてきました!!

自分と向き合うことは、本気やせへの第一歩。ダイエットに取り組む前に、必ず自分の写真を撮りましょう。1か月、2か月、3か月……とダイエットの経過写真も忘れずに。

変化がわかると「いい感じ、この調子で続けよう」「もうちょっとがんばってみよう」など、モチベーションが上がります。

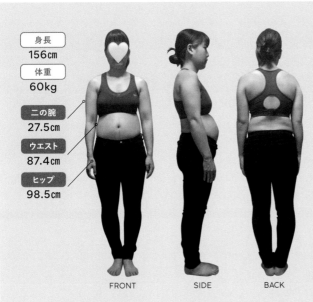

身長
156cm

体重
60kg

二の腕
27.5cm

ウエスト
87.4cm

ヒップ
98.5cm

FRONT　　SIDE　　BACK

ダイエットを始める前に

Beforeの写真を撮る

私がダイエットを始めるときに、正面、横、後ろと3方向から撮った写真です。あえて、ありのままの体がわかるようなウエアで撮影。身長、体重はもちろん、二の腕、ウエスト、ヒップも測って記録しました。「ここまでぽっちゃりになったら、あとは、やせる伸びしろしかない」と本気のスイッチが入りました！

　スマホで全身を自撮りする　ちょいテク

全身鏡を使って手軽に撮る

三脚が手元になくても、全身鏡を使えば手軽に全身を撮影することができます。鏡のなかの自分を見て撮るのではなく、しっかりとスマホのレンズを見て撮りましょう。

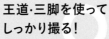

王道・三脚を使ってしっかり撮る！

ダイエットのための自撮りでは、体のシルエットがわかるウエアで、正面、横、後ろの3方向から全身を撮ることが必須。しっかりと撮影するには、三脚にスマホを固定し、セルフタイマーで撮影するのが基本です。最初に撮影した立ち位置と三脚の場所をチェックしておき、ダイエット過程の写真も三脚から同じ距離で撮影すると、体の変化がわかりやすいのでおすすめ。

立ったまま簡単!!全身やせ

厳選神7

①〜⑦
各
30秒

全タイプ
向けメニュー

初心者さんにもおすすめ!! 全骨格共通トレ

「骨格別ちょいトレ」に入る前に、すべての人におすすめのトレーニングを2つ紹介します。「時間がない、忙しい……」、そんな人は「厳選神7」だけでも効果ありです!

❶肩回し

\START!/

01

肩に軽く指先をあて両肘を上げていく

両足を軽く開いて立ち、両肘を前から上へ上げていく。

02

両肘を肩の後ろ側へ下ろしていき肩を回す

肩甲骨周辺が動くのを感じながら、肩を大きくゆっくりと後ろへ回す。猫背＆巻き肩改善、バストアップ、二の腕やせに◎。

12キロやせたときに毎日やっていたトレーニング！

私が毎日やっていたのが、「厳選神7」。①〜③で肩甲骨周り、④でお腹、⑤〜⑦で背中から下半身を刺激して、全身やせに効果大!!

← **3クロール** ← **2カスガ** ←

01

**両腕を頭の上に伸ばし
手のひらを合わせる**

両足を軽く開いて立ち、両腕を頭の上にまっすぐに伸ばして、左右の手のひらを合わせる。

芸人の
オードリー春日さん
を想像しながら

01

**両手を前に伸ばして
手のひらは自然と下に**

両足は軽く開いて立ち、
両腕を体の前に伸ばす。

02

**クロールの泳ぎの
手の動きを行う**

左手を前から後ろへ引いて、大きくゆっくりと腕を回す。右手も同様に。背中〜わき腹が伸びるのを感じながら左右交互に行なう。

02

**両肘を曲げながら
後ろに引き、前に戻す**

肩甲骨をしっかりと近づける意識で肘を引いたら、前に戻す。肩甲骨が閉じたり、開いたりするのを感じながら繰り返す。

④ たけのこ ニョッキ

くびれ作りに
効果テキメン!
がんばろ〜

01

両腕を頭の上に伸ばし
手のひらを合わせる

両足のかかとをつけ、つま先は開
く。両腕を頭の上にまっすぐ伸ば
して手のひらを合わせる。

体がポカポカ♨してきたら
効いているサイン!
最後までがんばろう!!

倒れるときに
脇腹の脂肪を
つぶす意識で!

02

息を吐きながら
左右交互に上体を倒す

息を吐きながらゆっくりと上体を
左へ倒す。ゆっくりと上体を元に
戻し、息を吐きながら右へ倒す。
これを繰り返す。

全身運動で脂肪を燃やそう!

⑤モモアゲ〜⑦モーニングは全身運動。「モモアゲ」は太ももを上げたときに背中を丸め、腕を上げたときに背筋を伸ばすと、やせスピードがアップ!

◀──── ⑥ **ひざひじ タッチ** ◀──── ⑤ **モモアゲ** ◀────

O1
\ 全身運動で
浮き輪肉ちぎり捨て!
脂肪を燃やせ〜!! /

**両手を
頭の後ろにあてる**

両足を軽く開いて立ち、両手を頭の後ろに軽くあてる。

O2

**ももを上げると同時に
肘をひざにタッチ**

左ももを上げると同時に上体をひねって、右ひじを左ひざにあてる。続けて反対側も同様に。左右交互に繰り返す。

O1

**両腕を頭の上に伸ばし
左右の手の指を組む**

両足を軽く開いて立ち、両腕を頭の上にまっすぐ伸ばして左右の手の指を組む。

O2

**両腕を下ろしながら
太もも上げる**

組んだ手を右ひざ下へ向かって振り下ろすのと同時に、右ももを上げる。両腕を上へ戻し、反対側も同様に。背中の伸び縮みを感じながら、左右交互に繰り返す。

お疲れさま〜
毎朝1回やるだけで
代謝がアップしてやせ体質に♥

\GOAL!/

⑦モーニング ◁

01

足を開いて立ち
腰に手をあてる

両足を肩幅よりやや広めに開いて
立ち、両手はそれぞれ左右の腰に
あてる。

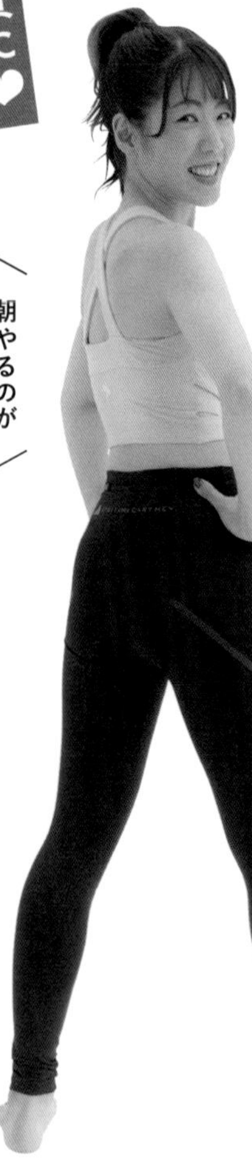

朝やるのが
おすすめ！

美脚、美尻、
美背中に効くよ！
最後までがんばれ〜

02

上半身を
前に倒して戻す

上半身を前に倒したら元に戻す。
太ももの裏が伸びているのを感じ
ながら、テンポよく繰り返す。前
に倒すときに背中はまっすぐ、腰
の反りすぎに注意。

1日3回、チリツモで下腹凹む

ドローイン

計 **45**秒

1回15秒×
1日3回

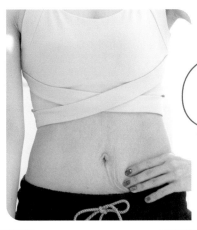

\ 一言で！/
お腹を凹ませた
まま過ごす！

横から見ると…

02

口をすぼめて
極限まで息を吐く

1ミリもお腹に空気を残さないつ
もりで、極限まで息を吐き切る。
この状態を15秒間キープ。

01

鼻から空気を吸って
息を止める

鼻からめいっぱい息を吸って、お
腹全体に空気をためる。

お腹をぺたんこにしたい人は絶対にやってみて！

「ドローイン」は、お腹やせのチリツモ代表！　基本は1回15秒×1日
3回ですが、気づいたときにやるだけで下腹がめちゃめちゃ引っ込みます。

骨格ストレートさん向けメニュー

MISSION／O1

全身やせ脂肪燃焼

筋肉がつきやすい骨格ストレートさんのダイエットには、筋トレよりも有酸素運動がおすすめ。SNSで話題になった「中国式ダイエット」をまる式にアレンジした全身運動で、代謝をアップ！

全身の脂肪燃焼に効果あり

バンザイクロス

30秒

できる人は30秒×2で

体を大きく動かすことで全身の脂肪が燃えるよ

O1

両手を広げ、両足は肩幅よりも広めに開く

肩幅よりも少し広めに足を開いて立つ。両手も肩幅よりもやや広めに上げて、バンザイをする。左右の手のひらは開いておく。

ここに効く！ | ☑ 背中のハミ肉 ☑ 浮き輪肉 ☑ ふくらはぎ

腕や脚はできる限りまっすぐに伸ばそう！

腕や脚をできるだけまっすぐに伸ばして体を動かし、わき腹、ふくらはぎが伸びていることを意識して。自然に呼吸をすることも忘れずに！

両腕を、右へ一回転
左足は右斜め後ろへ
02

バンザイした両腕をそのまま右へくるっと一回転。同時に左足は右斜め後ろへ伸ばす。右斜め上に腕をしっかり伸ばせば、左脇腹がよく伸びるのがわかる。

03

次は両腕を左へ回転させ
ながら右足は左斜め後ろへ

右斜め上に伸ばした両腕を、次は左へ一回転。同時に右足は左斜め後ろへ。これを右→左→右……とテンポよく繰り返す。

バズった中国式をアレンジ

ねじりウォーク

立ったままで簡単！
下腹、腰肉に効くよ

腕をしっかり振る

上がるところまで
ももをUP!

01

お腹を凹ませて両腕を左へ
同時に左の太ももを上げる

肩幅に足を開いて立つ。お腹を凹ました状態でやや前傾姿勢
になり、両腕を左に振りながら上体をひねり、左の太ももを
上がるところまで上げる。顔は正面のままで。

ここに効く！　│　☑ 全身　☑ 浮き輪肉　☑ 太もも

お腹を凹ました状態で腕をしっかり振ろう！

お腹やせには、お腹を思いっきり凹ました状態でお腹に力を入れて、しっかりと腕を振りながら太ももを上げることがポイント。太ももに振り上げた肘がのるぐらいの勢いでがんばろう！

02

反対側も同様に

続けて、顔は正面のまま、両腕を右に振りながら上体をひねって、右の太ももを上がるところまで上げる。01 → 02 をテンポよく繰り返す。

背中＆お腹やせ！

脂肪斬り

30秒

MISSION／02

脱おば見え！ 背中・お腹やせ有酸素

「脂肪斬り→パンチ→ドローインひねり」までは、できれば一気に続けて行なうと、体がポカポカしてきて脂肪燃焼効果大！ テンポのよい音楽をかけながらチャレンジしてみてね。

\ キレよく肘を引いて
ハミ肉撃退!! /

01

腰を落として、両手は前へ

肩幅よりも広めに足を開いて立つ。やや前傾姿勢になり、腰を落として、両手を体の前にまっすぐに伸ばす。

ここに効く！ ｜ ☑ 背中のハミ肉 ☑ 浮き輪肉 ☑ 下腹

背中が丸まらないように意識して！

背中が丸まっていると、気になる背中＆お腹のハミ肉を十分に刺激できずに効果がダウン。最後まで背筋を伸ばして元気よく体を動かすことを心がけて。

肘を引く

肘を引く

O2

左肘を引く

上体を左にひねりながら勢いよく左肘を後ろへ引いたら、元に戻す。顔は肘の先を見る感じで。

O3

右肘を引く

続けて、同じ要領で右肘を引いて、戻す。02 → 03 をテンポよく繰り返す。

脂肪もストレスも燃やせ！

30秒

パンチ

めっちゃ楽しくて
浮き輪肉によく効くよ

01

腰を落とし、両手を握って肘を曲げる

両足を大きく開き、腰を落として立つ。左右の手はそれぞれ
握り、両肘は曲げる。

ここに効く！ ☑ 二の腕、背中 ☑ くびれ ☑ 太もも引き締め

下半身を安定させて、勢いよくパンチ！

パンチの際に下半身がぐらついてしまうと、浮き輪肉への効果がダウン。下半身を安定させて、左右交互に勢いよく握った手を突き出しましょう！　ダイエット中のイライラも吹き飛ばせ!!

ココを意識！

O2

右手でパンチ

握った左右の手をそれぞれウエストあたりで構え、右腕を勢いよく左前へ突き出す。

力強く!!

O3

左手でパンチ

続けて、左腕を勢いよく右前へ突き出す。O2 → O3 をテンポよく繰り返す。

背中・脇腹・下腹に全部効く!

ドローインひねり

30秒

背中が熱くなってきたら
フォームが正しい証拠だよ

01

腰を落として、肘を曲げて顔の前に

両足を大きく開き、腰を落として立つ。左右の手はそれぞれ
握り、両肘を曲げて顔の前で左右の腕を合わせる。

ここに効く! | ☑ 二の腹、背中 ☑ くびれ、下腹 ☑ 太もも引き締め

背中をしっかり伸ばすことを意識して！

01で構えるときに、背中が丸くなってしまうと、お腹の脂肪を刺激できないので要注意！
背中をしっかりと伸ばして、お腹にも力を入れて、上体をしっかりとひねりましょう。

OK!

NG!

背中が丸く
なるとお腹に
効かないので
注意!!

腕は
そろえたまま

顔は正面のまま

ひねる

03

両腕を揃えたまま左へ

続けて、同じ要領で左へ上体をひねって、元の位置
に戻す。02 → 03をテンポよく繰り返す。

02

両腕を揃えたまま右へ

顔は正面を向いたまま動かさずに、両腕を右へ動か
すと同時に上体を右へひねり、元の位置に戻す。

MISSION／03

かわいい動きで浮き輪肉に超効く！

どちらも立ったまま、肘を曲げた両腕をうまく使って簡単に楽しく取り組めます。

上半身がむちっとしやすい骨格ストレートさんにぴったりの浮き輪肉消滅トレを2つ紹介。

つま先で軽くジャンプ！
ぴょんぴょん
ツイスト

30秒

小さく飛びながら
体をツイストしよう！

01

両足を揃え、腕は肘を曲げて肩の高さに

足を揃えて立ち、両肘を曲げて、写真のように肩の高さで両腕を重ねる。顔は正面に。

ここに効く！ ｜ ☑ 全身 ☑ くびれ ☑ 脚全体

046

ウエストをしっかりとひねって！

両肘を右（左）へ、同時に両足を左（右）へ動かすときには、顔は正面のまま、ウエストをひねることを意識。軽くジャンプすることで、筋トレなしでも全身引き締めの効果が期待できます。

ツイスト！

小さく
ジャンプ

O3

ジャンプしながら上体を左に

続けて反対側も同様に、軽くジャンプをしながら、両肘を右へ、同時に両足を揃えたままつま先を右へ向けてお腹をひねる。O2 → O3をテンポよく繰り返す。

O2

ジャンプしながら上体を右に

そのままの姿勢で軽くジャンプをしながら、顔の前で重ねた両肘を右へ、同時に両足を揃えたままつま先を左に向けてお腹をひねる。顔は正面のままで。

浮き輪肉撃退！

おSiriフリフリ

30秒

浮き輪肉をつぶすイメージで肘とお尻を動かしてね

01

両足を開いて立ち、腕は肘を曲げて肩の高さに

両脚を肩幅よりもやや広く開いて立つ。左右の肘を曲げて、
写真のように肩の高さに構える。

ここに効く！ | ☑ 二の腕 ☑ 浮き輪肉

腰を動かすたびにウエストが動くのを感じて！

お尻を振るときには、腰からグイッとお尻を上げるようにします。お尻を振るのと同時に下げる肘で、浮き輪肉をつぶすようなイメージで体を動かしましょう。

浮き輪肉を
しっかり意識

O3

左のお尻を上げる

続けて反対側も同様に、左の肘を腰下まで下げると同時に、お尻を左に振り上げる。O2 → O3 を繰り返す。

O2

右のお尻を上げる

右手の肘を曲げたまま腰のあたりまで下げると同時に、お尻を右に振り上げる。腰から動かす意識で。

MISSION／01

太ももの引き締め＆お尻の脂肪燃焼

下半身がむちっとしやすい骨格ウェーブさんのトレーニングメニューは、下半身やせの筋トレが中心。まずは、太ももを引き締めて、プリケツにもなる3つのちょいトレにトライ！

裏ももにしっかり効かせる

スクワット

30秒

＼ 王道だけど、太ももマジで変わるよ！ ／

01

足を肩幅に開いて立つ

両足を肩幅に開き、両肘を曲げて、左右の手をそれぞれ腰にあてる。

ここに効く！ ｜ ☑ 小尻、ヒップアップ ☑ 太もも

050

ひざが内側に入らないように注意！！

ひざを曲げる際、ひざ頭が内側に入ると、太もも＆お尻やせに効かないので注意。つま先よりも
ひざが前に出ないように腰を落とすと、前ももではなく裏ももに効いて、すっきりとした脚に！

疲れてきても、
ひざが内側に入らないように
がんばろう

ひざがつま先より
出ないように！

O2

反対側も同様に

ひざがつま先から出ないところまで、ゆっくりと腰を落とし
ていき、ゆっくりと戻す。腰は太ももと床が平行になるくら
いまで落とすのがベスト。これを無理のないペースで繰り返す。

筋肉を伸ばしてむくみ解消

モーニング

30秒

すごく簡単なのに、裏ももがめっちゃ伸びるよ！

01

足を開いて立ち、腰に手をあてる

両足を肩幅よりやや広めに開いて立ち、両手はそれぞれ左右の腰にあてる。

ここに効く！ | ☑ お尻の脂肪燃焼 ☑ 太ももの引き締め

筋トレはストレッチとセットで！
P50の「スクワット」（＝筋トレ）の後に「モーニング」（＝ストレッチ）を行なうと、血流がよくなって筋トレの疲労が解消！脚のむくみもとれて、美脚＆美尻効果がさらにアップ。

上半身は
できるだけ床と平行に
なるまで倒す

裏ももが
伸びているのを
意識

O2

上半身を前に倒して戻す

上半身を前に倒したら元に戻す。太ももの裏が伸びているのを感じながら、テンポよく繰り返す。前に倒すときに背中はまっすぐ、腰の反りすぎに注意。

目指せ！ 美尻＆美脚

ヒップリフト

30秒

ひざは90度に曲げる

寝たままラクチン!!
テレビやスマホを見ながらでOK!!

01

あお向けになり、ひざを立てる

あお向けになり、両足は腰幅程度に開いてひざを立てる。両手を伸ばして手のひらは床につける。

ここに効く！ | ☑ お尻の脂肪燃焼 ☑ 太ももの引き締め

「お尻の力で持ち上げる」ことに集中しよう！

手で床を強めに押してしまったり、腰に力が入ってしまったりすると、お尻の負荷が下がるので、手は床に添えるだけ、腰は丸めるようにして腰が反ったり力が入ったりしないように気を付けて。

背中はまっすぐ
腰が反りすぎないように

O2 お尻に力を入れながら持ち上げる

ぎゅっとお尻に力を入れながらお尻を持ち上げていく。お腹にも力を入れて、背中がまっすぐになるように意識。ゆっくりとお尻を下ろしていき、床に触れないぎりぎりまで下ろしたら、再びお尻を持ち上げる。これを繰り返す。

《 さらに効果UP! 》 足を遠くに置く!!

足を遠くに!!

両ひざを立て、両足を置く位置を腰から遠くにすると、さらにお尻と太ももの筋肉に効きます！

骨格ウェーブさん向けメニュー

MISSION／02

内ももの隙間をぶち抜く最速脚やせ4選

脚やせの結果を早く出すコツは、まずはお尻の大きな筋肉から鍛えること！ たるんだお尻が引き締まってくると、太ももがサイズダウンします。内ももに隙間ができるちょいトレも3つ紹介します。

お尻の大きな筋肉を鍛える！
キックバック

左右 30秒ずつ

ヒップが上がれば
太ももすっきり！

01
四つん這いの姿勢になる

両手両ひざを床につき、四つん這いの姿勢になる。顔は上げずに、床を見る。この時肩に力が入らないよう、意識して肩の力を抜く。

ここに効く！ | ☑ ヒップアップ ☑ お尻の脂肪燃焼

ひざをまっすぐに立てたまま後ろへ蹴り上げる

O2で脚を後方伸ばすときに、立てている膝が内側に倒れてしまうとお尻を十分に刺激できないので注意。両手をしっかりと床につき、上体がぶれないように脚を伸ばしましょう。

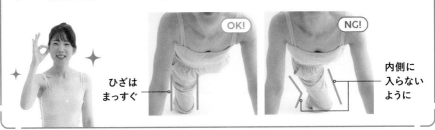

OK!

NG!

ひざは
まっすぐ

内側に
入らない
ように

O2

右脚を後ろに伸ばす

右ひざを床から離し、キックをするような感じで右脚を後方へ勢いよく伸ばす。つま先で天井を押すようなイメージでなるべく足を上げる。右ひざを床につかないぎりぎりまで戻したら、再び右脚を後方に蹴り上げる。これを繰り返す。

左脚を後ろに伸ばす

続けて、右脚と同じ要領で左脚を後方へ勢いよく蹴り上げる。左ひざを床につかないぎりぎりまで戻したら、再び左脚を後方に蹴り上げる。これを繰り返す。

O3

内ももにダイレクトに効く！

カエル脚パカ

30秒

内ももに隙間ができると
一気に細見え！　がんばろう!!

01

あお向けになり、両脚を揃えて上げる

あお向けになり、両手を伸ばして手のひらを床につける。両
脚を揃えて持ち上げる。

時間がないときには「カエル脚パカ」だけでもOK！

忙しくて時間がないとき、何種類もトレーニングをするのはキ
ツいという人は、これだけでもOK！　しっかり内ももに効
くので、続けるうちに内ももに隙間ができてきます。

内ももに効いているのを
感じながら繰り返す

02

足裏を合わせて、ひざを横に開く

左右の脚の裏を合わせて、ひざを横に開く。このときは腰は
浮かないように。ひざを元に戻して、再び開く。これを繰り
返す。

テレビを見ながらでもできる！

クロス脚パカ

30秒

疲れてきても
呼吸は止めないでね

01

あお向けになり、両脚を左右に開く

あお向けになり、両手を伸ばして手のひらを床につける。両
脚を左右に大きく広げる。

ここに効く！｜ ☑ 内もも ☑ 下腹

脚の付け根からクロスさせよう!

左右の脚をクロスさせるときには、脚の付け根からしっかりと動かすことがポイント! 内ももの付け根によく効き、内ももに隙間ができてすっきり美脚に。

02

右脚を上にして脚をクロスする

両脚を上へ持ち上げ、右脚が上になった状態でクロスさせる。

03

左脚を上にして脚をクロスする

クロスした脚を元に戻して、今度は左脚が上になるように同じ要領で脚をクロスさせる。02 → 03 をテンポよく繰り返す。

太ももの付け根超スッキリ!!
バウンド脚パカ

30秒

マジで太ももがやせるよ！
がんばれ〜!!

左右の脚を
上下させる

両足を大きく開いたまま脚を上下させる

あお向けになり、両手をのばして手のひらは床につける。両
脚を上げて大きく開き、その姿勢を維持しながら、両脚だけ
をできる範囲で上下に動かす。

ここに効く！　｜　☑ 太ももの付け根　☑ 太ももやせ

ちょいイタだけど効果ヤバい！ 脚やせコロコロ

脚がむくみやすい骨格ウェーブさんは、フォームローラーを使って、効率よくむくみ解消！ 気合いを入れすぎてあざができてしまったら、一旦お休みして他のトレーニングを。

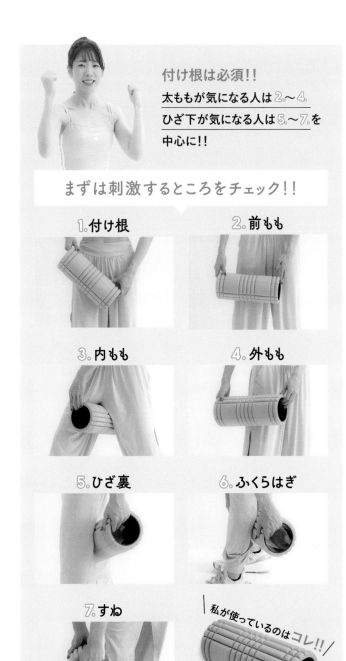

付け根は必須!!
太ももが気になる人は 2〜4。
ひざ下が気になる人は 5〜7。を
中心に!!

まずは刺激するところをチェック!!

1. 付け根

2. 前もも

3. 内もも

4. 外もも

5. ひざ裏

6. ふくらはぎ

7. すね

私が使っているのはコレ!!

フォームローラー
直径 約14cm 長さ 約33cm

◯1. 付け根

左右
10
秒ずつ

脚の付け根をほぐして脚全体の血行をアップ！

うつ伏せになり、両肘で体を支えながら、脚の付け根にあてたローラーを前後に動かす。
反対側も同様に。

◯2. 前もも

左右
10
秒ずつ

はりやすい太ももを自分の体重をかけてほぐす！

うつ伏せになり、両肘で体を支え、床と平行の姿勢をキープしながら太ももにあてたロー
ラーを前後に動かす。反対側も同様に。

◎3. 内もも

内ももをほぐして内股に隙間を作る！

うつ伏せになり、両肘で体を支えながら内ももにあてたローラーを前後に動かす。反対側も同様に。

◎4. 外もも

横に張り出ている太ももをスッキリさせる！

横向きになり、写真のように右肘、左の手のひらを床について体を支えながら、外ももにあてたローラーを前後に動かす。反対側も同様に。

○5. ひざ裏

左右
10
秒ずつ

硬くなったひざ裏を伸ばして代謝アップ！

床に座り、両手を後ろについて、ひざ裏にあてたローラーを前後に動かす。反対側も同様に。

○6. ふくらはぎ

左右
10
秒ずつ

ふくらはぎのコリをほぐして全身の血流を促進！

床に座り、両手を後ろにつく。両脚をクロスさせ、下側の脚のふくらはぎにローラーをあて、前後に動かす。脚の上下を入れ替えて同様に。

07. すね

すねを柔らかくしてむくみや疲れを解消！

両手を床につき、左のひざを曲げ、左すねにローラーをあてて、前後に動かす。反対側も同様に。

ふくらはぎの両足乗せがきつい人は片足ずつで！

片足ずつ
10秒でもOK！

床に座り、両手を後ろにつく。左脚は軽くひざを立て、右脚のふくらはぎの下にローラーをあてて、前後に動かす。反対側も同様に。

骨格ナチュラルさん向けメニュー

MISSION／01

脚・即あか抜け！ぺたんこ尻解消トレ

体全体がまんべんなく太りやすい骨格ナチュラルさんは、お尻を引き締めて丸くし、くびれを作ることで、メリハリのあるボディラインに。まずは、お尻が変わるちょいトレからスタート！

脱ピーマン尻！

Siriパカ

左右 **15** 秒ずつ

\お尻やせ、ヒップアップが同時に叶うトレだよ！/

01

四つん這いの姿勢になる

両手両ひざを床につき、四つん這いの姿勢になる。顔は上げずに、床を見る。

ここに効く！ | ☑ 丸い小尻　☑ ヒップアップ　☑ 脚やせ

068

お腹に力を入れて動かすことでお腹やせ効果も！

ひざを90度に曲げたまま、上下にパカパカ動かすときに、お腹に力を入れると、お腹も同時に引き締まります。呼吸を止めずに、最後までやりきってね！

左ひざを横に
パカパカと上げ下げする

02

ひざを90度に曲げたまま左脚を上げる

床についている左ひざを90度に曲げたまま、外向きに上げる。ひざを床に触れないぎりぎりまで戻し、再び上げる。これを繰り返す。15秒間続けたら、同じ要領で右ひざを曲げたまま、上げ下げを15秒間行なう。

Siriパカhard

左右 **15** 秒ずつ

お尻と太ももの境目が
はっきりしてくるよ!

01 四つん這いの姿勢になる

両手両ひざを床につき、四つん這いの姿勢になる。左ひざを
軽く床から離して、スタンバイする。

02 左ひざを曲げたまま前へ出す

左ひざを曲げたまま、胸元に引き寄せるように前へ動かした
ら元の位置に戻す。ひざは、床にふれないぎりぎりの位置に。

ここに効く! | ☑ もっとヒップアップ ☑ もっと脚やせ

体を支えている脚は、床に垂直にひざを立てておく

体を支えている脚（前、横、後ろにパカパカ動かさないほうの脚）は、床から垂直にひざを立てておきます。腰を安定させた状態で脚をパカパカ動かすことで、ヒップアップ効果が高まります。

O3 　左ひざを90度曲げたまま横に上げる

左ひざを90度に曲げたまま、横に上げる。ひざを床に触れないぎりぎりまで戻す。

O4 　左脚を後ろへまっすぐに伸ばす

左脚を後ろへ大きく蹴り出すようなイメージでまっすぐに伸ばす。ひざが床に触れない状態で元に戻し、O2 → O3 → O4 を繰り返す。15秒間行なったら、続けて同じ要領で、反対側の脚も同様に、前→横→後ろを15秒間行なう。

お腹やせ＆くびれ作りで美スタイルに

お腹を引き締めてくびれを作るちょいトレを4つ紹介。すべて行なうのがキツい人は、やりやすいものを1つ、最低1週間は続けてみてね。お腹が引き締まってくると、やる気もアップしてきます。

20秒

エア
自転車こぎ

自転車をこぐように
脚を動かして体をひねるよ！

01

左脚を胸に引き寄せ、右脚は伸ばす

あお向けに寝て、両手を頭の後ろで組み、肩甲骨のあたりを床から少し離す。左ひざを曲げて胸のほうへ引き寄せるのと同時に、上半身を左へひねって右肘を左ひざに近づける。右脚はまっすぐに伸ばしておく。

ここに効く！　| ☑ くびれ　☑ 下腹　☑ 全身やせ

02

右脚を胸に引き寄せ、左脚は伸ばす

続けて、今度は右ひざを曲げて胸のほうに引き寄せるのと同時に、上半身を右へひねって左肘を右ひざに近づける。左脚はまっすぐに伸ばしておく。01 → 02 を繰り返す。

お腹にも背中にも効く!

ハイプランク

20秒

お腹を引き締めて
手とつま先で体を支えよう!

頭からかかとまで
一直線になるように

01

お腹に力を入れて腕立て伏せの姿勢をキープ

床に両手をつき、両脚は後ろに伸ばす。つま先を立てて、腕
立て伏せのスタートの姿勢になる。お腹に力を入れて、この
状態を20秒間キープ。その間、息を止めずに自然に呼吸を
して。

ここに効く! | ☑ 背中やせ ☑ 下腹引き締め

腰は反らないように丸める意識で

疲れてくると、お尻が上がりがちに。お尻にキュッと力を入れて、
背中から脚までまっすぐの状態をキープ！　背中にも効きます。
お尻が下がりすぎると、腰が反って負担がかかるので注意。

✕ NG!

お尻が
上がりすぎている

✕ NG!

お尻が
下がりすぎている

プランクの応用編!

ひねりプランク

20秒

くびれにも
腰肉にも効くよ!

頭からかかとまで
一直線になるように

01

腕立て伏せのスタートの姿勢をキープ

床に両手をつき、両脚は後ろに伸ばす。つま先を立てて、
お腹に力を入れて腕立て伏せのスタートの姿勢になる。
顔は下に向けて床を見る。

ここに効く! | ☑ くびれ ☑ 下腹引き締め

腰をしっかりひねってくびれを作る！

プランクに腰のひねりを加えることで、わき腹によく効いて、くびれ作りに効果大。プランクと同じく、疲れてくるとお尻が上がりやすくなるので、お尻をキュッと締めて、腰をひねりましょう。

ゆっくりひねると
わき腹によく効く！

02 ゆっくりと腰を左へひねる

ゆっくりと腰を左へひねり、左足のかかとを床につける。ゆっくりと元の位置に腰を戻す。

03 ゆっくりと腰を右へひねる

続けて、ゆっくりと腰を右へひねり、右足のかかとを床につける。ゆっくりと戻し、02 → 03 を繰り返す。

腹&わき腹に効く!

脚パタン

20秒

＼ 簡単な動きで
お腹まわりを絞る! ／

01

あお向けで両手を左右に伸ばし、両ひざを曲げて上げる

あお向けになり、両手を左右に伸ばして、手のひらを床につける。両脚を揃えて、股関節とひざを直角に曲げた状態で脚を上げる。顔は真上を向く。

ここに効く! | ☑ くびれ ☑ 下腹引き締め

両脚は常に揃えてパタンと倒す

両脚を揃えたままひざを曲げて左右に倒すことでウエストがギュッとひねられて、美くびれ作り＆ぽっこりお腹解消！ 脚を倒すときには、床についた手のひらで体を支えましょう。

02 両脚を右にパタンと倒す

01の状態のまま、腰から下を右へ倒していき、右ひざが床につかないぎりぎりのところでとめて、両脚を元の位置に戻す。

03 両脚を左へパタンと倒す

続けて、同じ要領で腰から下を左へ倒していく。脚を倒す際、呼吸が止まりがちになるので意識して息を吐く。脚を元に戻した際、吸えるとテンポよく行うことができる。02 → 03 を繰り返す。

姿勢＆血流改善！
肩甲骨伸ばし

左右 **10** 秒ずつ

骨格ナチュラルさん 向けメニュー

MISSION／03

ストレッチでしなやかなラインを出す

骨格ナチュラルさんは、筋トレばかりだとムキムキになりやすいので、しなやかさを出すストレッチも取り入れて。肩甲骨まわり、背中などの大きな筋肉を刺激することで代謝もアップ！

老廃物がたまる肩甲骨の間をほぐすよ！

01

両手を前に伸ばして左右の手を組み、背中を丸くする

床に座り、両ひざを曲げて両足の裏をつける。両手を前に伸ばして左右の手を組み、頭を下げて背中を丸くする。左右の肩甲骨の間が開くようにゆっくりと伸ばす。

ここに効く！ | ☑ 背中 ☑ 全身の代謝up

080

息をとめずに自然に呼吸をしよう！

肩甲骨を動かすときには、息をとめずに、自然に呼吸をしましょう。肩甲骨まわりの大きな筋肉がしっかりと伸びて、血流がよくなり、代謝がアップ！　全身やせにも効きます。

左右の手を握り、胸を張って、できるだけ遠くに手を伸ばす

02

手を背中側に伸ばして両手を組み、胸を張る

続けて、両手を背中側に伸ばして、左右の手を組んで、胸を張る。左右の肩が背中側に引っ張られるのを感じながら、左右の肩甲骨を背骨に寄せる。

ハミ肉撃退!

背中伸ばし

左右 **10** 秒ずつ

気持ちよ〜く伸ばして
脱!おば見え!!

01 四つん這いで右肘を床につける

両手両ひざを床につき、四つん這いの姿勢になる。右肘を曲
げて床につけ、顔は上げずに、床を見る。

02 左手を伸ばして左側の背中を伸ばす

左手を頭の右上のほうにまっすぐに伸ばして、左側の背中を
ゆっくりと伸ばす。背中がしっかりと伸びているのを感じな
がら10秒キープしたら、ゆっくりと元の姿勢に戻る。

ここに効く! | ☑ 背中　☑ くびれ

082

伸ばしている側の腕はできるだけ遠くに!

背中を伸ばしている側の手は、まっすぐに伸ばして、できるだけ遠くに置くようにしましょう。より背中が伸びて、後ろ姿がすっきり! 猫背や肩こり改善効果も期待できます。

03 四つん這いで左肘を床につける

続けて、反対側も同じ要領で行なう。四つん這いの姿勢で左肘を床につける。

04 右手を伸ばして右側の背中を伸ばす

右手を頭の左上のほうにまっすぐに伸ばして、右側の背中をゆっくりと伸ばす。背中がしっかりと伸びているのを感じながら10秒キープ。ゆっくりと元の姿勢に戻る。

固くなりやすいお尻をほぐす！

Siri伸ばし

左右
10
秒ずつ

自然に呼吸をしたまま
お尻を十分に伸ばして

01

右脚を後ろに伸ばして左のお尻を伸ばす

両手を床について座り、左足のつま先が右の腰の前あたりに
くるように左ひざを曲げ、右脚は後ろへまっすぐに伸ばす。
このまま10秒キープして、左のお尻を伸ばす。

ここに効く！ | ☑ お尻 ☑ もも裏

時間のないときには「Siri伸ばし」を優先で！

大きなお尻の筋肉をストレッチで十分に伸ばすと、下半身の血行がよくなり、むくみも解消！ 時間がないときには、このストレッチを最優先で行なうのがおすすめ。

＼ 美姿勢、美脚を
一気に手に入れよう！ ／

02

左脚を後ろに伸ばして右のお尻を伸ばす

続けて、左右の脚を入れ替えて、同じ要領で右側のお尻も
10秒間伸ばす。

脚のむくみ解消！

ふくらはぎ伸ばし

10秒

就寝前の
美脚習慣にしよう！

両手のひらを床について、ふくらはぎを伸ばす

四つん這いの姿勢になり、両手のひらを少しずつ前へ動かし
ていき、両ひざを床から離し、ゆっくりとお尻を天井に向か
って突き上げる。両足は床につけたまま10秒キープして、
両脚のふくらはぎを伸ばす。

ここに効く！ | ☑ ふくらはぎ ☑ もも裏

今日の脚のむくみはその日のうちに解消しよう!

ふくらはぎの血行が悪いと、血液が脚にたまってむくんだり、老廃物がたまってパンパンに。就寝前にふくらはぎのストレッチで血液の流れを改善し、その日のむくみを解消しましょう。

《 さらに効果UP! 》

足をクロスさせて
片足ずつ伸ばす!

腕立て伏せの姿勢で左かかとに右のつま先を乗せ、足をクロスさせ、左ふくらはぎを伸ばす。

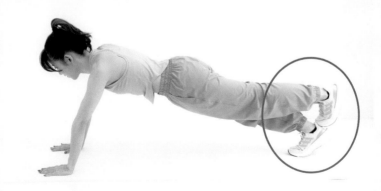

同じ要領で、右かかとに左のつま先を乗せて、足をクロスさせ、右ふくらはぎを伸ばす。

| 二の腕やせ | 振袖肉撃退!! |

30秒

後ろでバイバイ

後ろ姿マイナス5歳！ 二の腕・背中トレ

「二の腕のぷるぷる振袖肉」「おば見えプラス5歳の背中」……。
この2大お悩みを解決する、全骨格に効くちょいトレです。

ほっそり二の腕に
なれるよ！

**手を振りながら
二の腕をねじる**

肩幅に足を開いて立つ。両腕を後ろに引き、左右の手のひらを振る。

手のひらを
しっかり外に
向ける

手のひらを振るときに二の腕をしっかりとねじる！

手のひらを振るときには手首だけを動かすのではなく、手のひらを外側まで向けて、二の腕からしっかりとねじることがポイント。

| 二の腕やせ | ほっそり二の腕＆姿勢改善

腕アゲサゲ

背中側で
左右の手の指を組む ○1

肩幅に足を開いて立つ。両腕を後ろに引
き、左右の手の指を組む。

背中・二の腕まとめて
むくみスッキリ！

○2 手を組んだまま
両腕を上げ下げする

両手を組んだまま、両腕を上下にテンポ
よく動かす。

肩甲骨が引き寄せられているのを感じて！

両腕を上げ下げするときには、肩甲骨が内側に引き寄せられているのを意
識しながら動かします。背中が丸まらないように注意してね。

089

| 二の腕やせ | もっと二の腕を引き締める!

ペットボトルエクサ

左右
15
秒ずつ

片手でペットボトルを持ち肘を上げる

01

肩幅に足を開いて立つ。左手で水を入れたペットボトルを持ち、肘を軽く曲げる。

二の腕激変!
これで仕上げ!

02

肘の位置を固定して腕を伸ばす

肘から先を振り上げるようにして腕をまっすぐ伸ばしたら、元に戻す。テンポよく上げ下げをする。続けて、右手にペットボトルを持って同様に。

上げた腕は耳の後ろにくるように!

ペットボトルを持つ手は、耳の後ろを通るようにまっすぐに上へ伸ばすと二の腕によく効きます。ペットボトルの水は無理のない範囲で調節してね。

| 背中やせ | 手をついた背筋運動！

30秒

アシカさん

超カンタンなのに
スッキリ背中になれちゃうよ！

01

うつ伏せで肘を曲げ
手のひらを床につく

うつ伏せになり、ひじを曲げ、手のひらを
床につく。両足は軽く開く。

02

無理のない高さまで
上体を上げる

床についた手のひらはそのままに、上体を無理なく
上がる高さまで上げ、元に戻る。これを繰り返す。

背中やせのウォーミングアップ！

一般的な背筋トレは両手を頭の後ろで組みますが、床に手をついて行ないます。意外とキツいかもしれませんが、30秒間、自分のペースでがんばって。

| 背中やせ | 肩甲骨をしっかり動かす！

30秒

うつ伏せカスガ

ハミ肉撃退！
全身の代謝もアップ

01

うつ伏せになり
両腕を前に伸ばす

うつ伏せになり、両足を軽く開いて、つま先は立てておく。左右の手を前に伸ばし、手のひらは開く。

02

両肘を背中側に
引きながら上体を上げる

両肘を軽く曲げて背中側に引くと同時に上体を上げ、元の位置に戻す。これを繰り返す。

肩ではなく、背中で動かす意識で！

両肘を曲げて背中側へ引くときは、肩ではなく、背中で動かす意識でやると超効きます！　事前に背中の写真を撮影して結果を比較すると◎。

092

じたばた

背中に縦線が入って
グラマラスボディに

01

うつ伏せになり
両腕を前に伸ばす

うつ伏せで両足は軽く開き、つま先は立てる。両手を前に伸ばし、手のひらは開く。

02

右腕と左脚を
同時に上げる

右腕をまっすぐ伸ばしたまま上げ、同時に左脚もまっすぐ伸ばしたまま上げる。

03

左腕と右脚を
同時に上げる

反対側も同様に、左腕を上げながら、同時に右脚を上げる。02 → 03 を繰り返す。

指先、つま先はピーンと伸ばし切る!

手と脚を上げるときには、指先＆つま先までピーンと伸ばすと、背中を刺激できます。疲れてくると手と脚が下がりがちですが、最後までファイト!

まる式ダイエットで こんなにやせました！

AFTER　BEFORE

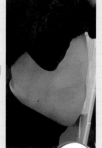

67.3kg ▶ 60.8kg
RUMIさん

（お腹やせ）

主にがんばったまる式ダイエット：まる式食べやせ法、
骨格ストレートさん向けメニューMISSION1
（P36〜）
みんなに一言：「綺麗になった」と褒められた！

AFTER　BEFORE

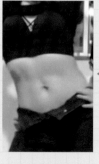

55kg ▶ 52kg
みーやんさん

（お腹やせ）

主にがんばったまる式ダイエット：骨格ナチュラルさ
ん向けメニューMISSION2（P72〜）
みんなに一言：ウエスト-15㎝！お腹の見た目激
変！

AFTER　BEFORE

後ろ姿激変！（体重非公開）
ゆ。さん

（背中やせ）

主にがんばったまる式ダイエット：まる式食べやせ法、
厳選神7（P30〜）
みんなに一言：写真は1週間の変化です！

AFTER　BEFORE

55.0kg ▶ 53.3kg
ズボラママさん

（背中やせ）

主にがんばったまる式ダイエット：厳選神7（P30〜）
みんなに一言：上半身が全体的にスッキリしました！

絶対に変わる!!

\ 本気やせ（マジ）/

食 事 編

ズボラさんでもするするやせる！

まる式
食べやせ法

しっかり食べてするするやせる秘訣は「1：1：2」の黄金比！
ちょいトレと組み合わせれば健康的にきれいにやせられて、
一生続く無理のない、太らない食生活が身につきます‼

備えておくと便利なアイテム

「まる式食べやせ法」を始める前に、私がいつも愛用していて、カロリーオフや時短調理に重宝するアイテムを紹介！　100ページから紹介するレシピにも登場します。左ページのお買い物リストを参考に、スーパーに行った際に手に入れてみてください。

また、炭水化物の摂取量の目安を、あらかじめ紹介しておきます。

●1食あたりの炭水化物（糖質）摂取量の目安

↓白米、雑穀米、玄米は120（子どもの茶碗1杯程度、小盛）〜160ｇ（大人の茶碗1杯）。やせ加速したいなら120〜130ｇに。

雑穀ごはんは市販の雑穀米やもち麦を混ぜて炊いています。

↓食パン、フランスパンなど市販のものは、成分表でｇをチェック！

食パンなら6枚切り1枚、カンパーニュなら1〜2枚、フランスパンなら4分の1〜3分の1本、ベーグルなら1つを目安に。

↓パスタは1束の7〜8割に抑えると◎。

↓そばは1束（260ｇ）、うどんは1玉（230ｇ）食べて◎。

「まる式食べやせ法」で大活躍！ お買い物リスト

ダイエットだけでなく、健康な体づくりのためにも毎日の食事は大切。同じ用途のものでも、
少しこだわるだけで、ヘルシーになっておいしさもアップ！！

□ てんさい糖
□ 「ラカントS」

□ きざみにんにく
□ トマト缶

調味料いろいろ

甘味料は低カロリーで栄養価の高
いものを。ダイエット効果が期待
されるリコピン豊富なトマト缶は
ダイエットメニューの必需品。き
ざみにんにくは、肉との相性バッ
チリ！簡単に使える調味酢も便利。

□ 調味酢
（砂糖やアミノ酸を加えてまろやかに
したり、旨みを足したもの）

ソース類いろいろ

ソース類も、脂質が低めのものを
揃えておくと、それだけでカロリ
ーカットに。焼肉のたれは、その
まま肉の下味にも使えて時短調理
の味方に！

□ ケチャップ
□ 低カロリーマヨネーズ
□ トリュフだれ
□ 焼肉のたれ

塩・スパイスいろいろ

様々な塩を用意しておくと調理の
味付けのほか、ドレッシングの代
わりにもなって便利。素材の味を
しっかりと味わえます。

□ トリュフ塩
□ ハーブソルト
□ アウトドア用
　スパイス

黄金比は「1∶1∶2」

たんぱく質・脂質

炭水化物（糖質）

野菜や汁物

まる式食べやせ法の基本は、「プレート法」。丸い大きなお皿に、99ページの上図を参考にして、「たんぱく質・脂質を1、炭水化物（糖質）を1、野菜・汁物を2」の割合で配膳するだけで、ダイエット中の食事として理想の栄養バランスになるテクニックです。

この「1∶1∶2」は、脳や体を動かすために必要な栄養素をとりつつ、まずは体内にたまっている脂肪をがんがん燃やせるように、糖質や脂質の摂取を抑えた比率・分量になっています。だから、この比率で食事をすれば、健康的にやせて、満腹感も◎！　実際、私が3か月で12kgやせる途中で、糖質オフを実践したところ、体重がなかなか減らない停滞期に。そんなときに出会い、停滞期を脱出したやせる食事法です。1日1食だけでよいので「プレート法」を取り入れて食事をし、まずは1週間続けてみてください。ちょいトレと合わせて実践すれば、食べているのに体が確実に変わっていきます。取り入れやすく続けやすいのは、自宅で食べることが多い「朝食」です。

1食あたりの**ざっくり栄養バランス**

2 野菜・汁物

たんぱく質・脂質 1:

炭水化物（糖質） 1:

※各栄養素の摂取量（ｇ）は、身長や基礎代謝によって変わってきますが、1日3食として1食あたりたんぱく質20ｇ、脂質15ｇ、炭水化物45ｇ（ＭＡＸ65ｇ）、野菜や汁物は「もりもりたくさん！」がひとつの目安です。

▼

＼ 1プレートで実践すると… ／

野菜・汁物

サラダ

たんぱく質・脂質

焼き塩サバ半身の半分、だし巻き卵2切れ

炭水化物（糖質）

もち麦ごはん120ｇ

※木のプレートのサイズは直径24㎝です。

次ページから黄金比のメニュー&レシピを紹介します！

PLATE 01

お魚 プレート

魚には筋肉を作る良質のたんぱく質が豊富。さらに、魚の脂には血管内の余分な脂肪分を燃焼する効果も！　筋肉を増やしながら脂肪を燃やせる、お魚がメインのプレートです。

(たんぱく質) 26 g　(脂質) 12 g　(糖質) 50 g

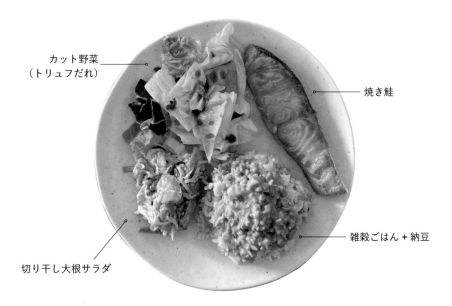

カット野菜
（トリュフだれ）

焼き鮭

切り干し大根サラダ

雑穀ごはん + 納豆

焼くだけ

写真のお魚プレートのメインは焼き鮭。そのほか焼き魚なら、たら、さば、あじの開きなどもおすすめ。ただし、銀鮭、銀だら、とろさばなどは、脂質が高いのでダイエット中は選ばないようにしましょう。ちなみに、お魚は焼き魚以外にも、鰹のたたき、マグロ赤身などのお刺身でもOK！

野菜は、カットした野菜に切り干し大根サラダも加えて、ボリュームアップ。
雑穀ごはんには納豆1パックをかけて、たんぱく質をプラスしています。

O2

サーモンマリネ プレート

美肌効果があると言われるサーモンは、私の一軍たんぱく質食材。チーズは脂質が高くなりがちですが、睡眠の質を高めるトリプトファンが豊富なので適量とるようにしています。

たんぱく質 **25 g**　脂質 **13 g**　糖質 **46 g**

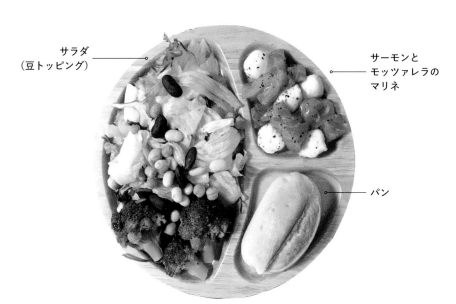

サラダ（豆トッピング）

サーモンとモッツァレラのマリネ

パン

和えるだけ

サーモンとモッツァレラチーズのマリネは、下記の材料を和えるだけの時短メニュー！
【材料（1人前）】サーモン　80g、モッツァレラチーズ　20g（4〜5粒程度）、調味酢　大さじ1、オリーブオイル　ほんの少し、塩こしょう（あらびきがおすすめ）適量

サラダには、市販の蒸し豆をトッピングしてたんぱく質も食べ応えもアップ！
写真はミニフランスパンが1個ですが、糖質が少なめなので2個食べてもOK。または、デザートにフルーツを食べるのもよし！

PLATE
O3

ツナパスタ プレート

ダイエット中は敬遠されがちなパスタも、量と組み合わせさえ気をつければ腹持ちがよく、
食べ応えのある一品に！ クリームやオイルを使わないレパートリーを増やしましょう。

たんぱく質 25ｇ　脂質 8ｇ　糖質 60ｇ

**かりかり
きのこサラダ**

ほんの少しオリーブオイ
ルを引いたフライパンで
好きなきのこを炒め、濃
いめに塩こしょうをして
生野菜の上に乗せれば、
ドレッシング不要のサラ
ダに！

**ツナと
大根おろしの
パスタ**

絶品トマトサラダ

混ぜるだけ

「ツナと大根おろしのパスタ」は、ツナの水気を軽く
切ってフライパンでさっと炒め、めんつゆを加えて炒
め合わせて、ゆで上がったパスタに乗せるだけ。大根
おろし、かいわれ大根、刻みのりを適量乗せて完成。
【材料（1人前）】パスタ　1束の7〜8割、ツナ水
煮缶　1缶、めんつゆ（2倍濃縮）　大さじ1、大根

おろし、かいわれ、のり　適量
「絶品トマトサラダ」は、トマト1個を食べやすい大
きさに切り、クリームチーズ1個を1cmの角切りに。
調味料（しょうゆ　小さじ1、酢　大さじ1、オリー
ブオイル　小さじ1）を混ぜ、トマトとクリームチー
ズをそっと和え、塩こしょうで味を調えて完成。

04

牛肉の中華炒め プレート

脂質が多そうな牛肉は、ダイエット中には控えてしまう人も多いのでは？
でも、部位選びと食材の組み合わせ次第で、良質な高たんぱく源のメニューに！

たんぱく質 21 g　脂質 11 g　糖質 50 g

サラダ
（オリーブオイル
＋粉チーズ）

牛肉と舞茸と
小松菜の中華炒め

もち麦ごはん

かぼちゃ
（せいろ蒸し）

炒めるだけ

「牛肉と舞茸と小松菜の中華炒め」は、ほぐした牛肉のこま切れ肉（または薄めに切ったかたまり肉）と舞茸を袋に入れ、焼肉のタレをもみこむ。小松菜は5cm程に切る。熱したフライパンにきざみにんにくを入れて牛肉と舞茸を焼き、牛肉に火が通ったら焼肉のタレを足し炒め合わせる。最後に小松菜を加え軽く火を通し、塩こしょうで味を調えて完成！【材料（2人前）】牛肉（もも、ヒレ、かた、かたロースなら脂身は避ける）50～200g、舞茸 1パック、小松菜 1/2袋、焼肉のタレ 大さじ1（もみこむ用）、小さじ1～2（後で足す用）、きざみにんにく 小さじ1、塩こしょう 適量

PLATE 05

豚しゃぶ プレート

豚肉は、運動をがんばりはじめたダイエッターさんにぴったりのたんぱく源！
アミノ酸やビタミンも豊富で、脂肪燃焼、疲労回復効果も期待できるので積極的に取り入れましょう。

たんぱく質 **17 g**　脂質 **16 g**　糖質 **50 g**

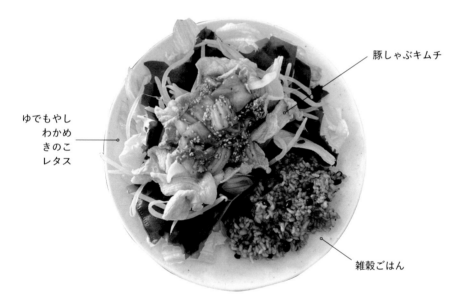

豚しゃぶキムチ

ゆでもやし
わかめ
きのこ
レタス

雑穀ごはん

ゆでるだけ

「豚しゃぶキムチ」は、豚かたロースををゆで、脂身はできれば取り除く（家族がいればあげてね）。もやしは軽くゆでるか、レンジで火を通し軽く水気を絞る。レタスやわかめを好きなだけプレートに盛り（きのこなども合うのでおすすめ！）、もやし、肉を乗せ、キムチの合わせだれ（キムチ、調味酢、しょうゆ、ごまを混ぜたもの）をかけたら完成！
【材料（1人前）】豚かたロース（しゃぶしゃぶ用）5〜6枚程度、キムチ　30g、カンタン酢　大さじ1、醤油　小さじ1、ごま　適量、わかめ、もやし、レタスなど適量

PLATE 06

ガーリックチキン プレート

鶏肉のももとむねは、皮を取り除けば脂質量はほとんど同じ。たんぱく質はむねが少し上だけど、食感の好みで選んで。フライパンで焼く場合、私はももが圧倒的に好き！

たんぱく質 22 g　脂質 15 g　糖質 48 g

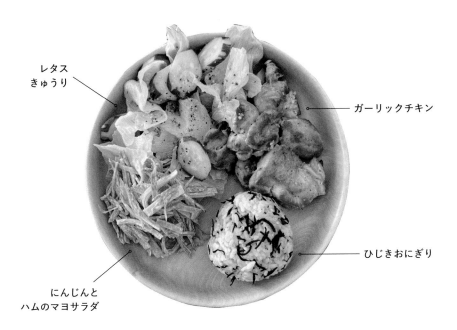

レタス
きゅうり

ガーリックチキン

ひじきおにぎり

にんじんと
ハムのマヨサラダ

炒めるだけ

「ガーリックチキン」は、鶏もも肉を適当な大きさに切り、フライパンで皮目から焼き、ひっくり返す。きざみにんにく、塩こしょうで味付けをし、1〜2分ほどフタをして蒸し焼きにしたら完成！
【材料（2人前）】鶏もも肉　1枚（300g）、きざみにんにく　大さじ1、塩こしょう　適量

「にんじんとハムのマヨサラダ」は、にんじん1本を千切りに、ハム4〜5枚も細めに切り、低カロリーマヨネーズと和え、塩コショウで味を調えるだけ。
「ひじきおにぎり」は、食物繊維・ミネラルをもう少し増やして栄養バランスをよくするために、市販のひじきふりかけをごはんに混ぜて握っただけ。

PLATE 07

ヤンニョムチキン プレート

ポリ袋に材料を入れてもみ込んで作る、簡単韓国風味付けのヤンニョムチキン。
洗い物が少なく、手軽に作れるので、ヘビロテ&冷凍ストックしているお気に入りのレシピです。

たんぱく質 25 g　脂質 9 g　糖質 50 g

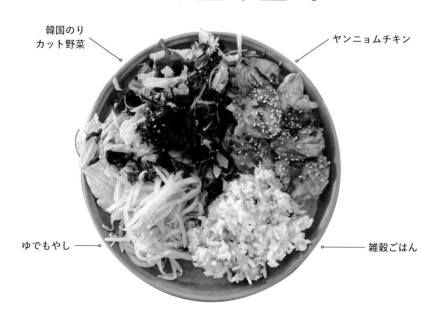

韓国のり
カット野菜

ヤンニョムチキン

ゆでもやし

雑穀ごはん

炒めるだけ

「ヤンニョムチキン」は、鶏もも肉の皮を取り、大きめに切る。ポリ袋に切った鶏肉、コチュジャン、ケチャップ、きざみにんにく、しょうゆを入れてもみこむ。ポリ袋から鶏肉を取り出し、フライパンで両面を火が通るまで7～8分程度焼き、ごまをちらして完成！　冷凍するときは、冷凍用のチャック付き袋にすべての材料を入れてもみ込み、平たくして袋を閉じる。使う前に30分～1時間常温で解凍し、そのあとは普通に焼けばOK！

【材料（2人前）】鶏もも肉　300g、コチュジャン　大さじ2、ケチャップ　大さじ1、きざみにんにく　大さじ1、しょうゆ　小さじ1、ごま　適量

NON
PLATE

01

プレート以外でも黄金比!!

まる丼

ここからは、プレートを使わなくても黄金比の「1（たんぱく質・脂質）：1（炭水化物）：2（野菜・汁物）」が簡単に作れるメニューを紹介。簡単なのでよく作ります！

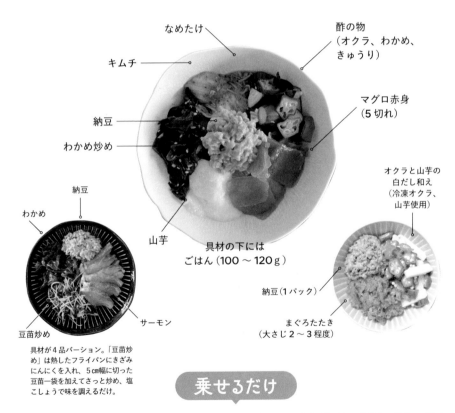

なめたけ

キムチ

納豆

わかめ炒め

山芋

わかめ

納豆

豆苗炒め

サーモン

具材の下には
ごはん（100 ～ 120ｇ）

酢の物
（オクラ、わかめ、
きゅうり）

マグロ赤身
（5切れ）

オクラと山芋の
白だし和え
（冷凍オクラ、
山芋使用）

納豆（1パック）

まぐろたたき
（大さじ 2 ～ 3 程度）

具材が4品バージョン。「豆苗炒め」は熱したフライパンにきざみにんにくを入れ、5cm幅に切った豆苗一袋を加えてさっと炒め、塩こしょうで味を調えるだけ。

乗せるだけ

写真中央が、ごはん（100 ～ 120ｇ ※白米、玄米、雑穀米、お好みでOK）の上に、具材を7品乗せた「まる丼」の基本バージョン。作り方は、写真の具材をごはんに乗せるだけ。まぐろの赤身（5切れ）を、サーモン、鰹のたたき、ほたて、えびに置き換えても◎。写真右下は、具材が3品の「まる丼」簡単バージョン。

冷凍オクラと山芋を解凍して白だしで和え、ごはんの上に。納豆は他にも味が付いているものがあるので、付属のたれを使う場合は半分でOK。まぐろたたきは、食べるときにわさびしょうゆをかけるか、先に適量混ぜておく。

プレート以外でも黄金比!!

美女トースト＋ 炊飯器ミネストローネ

ビタミンが豊富なトマトをたくさん食べている人って、美女のイメージがありませんか？
そこでトマトたっぷり、美女になっちゃうトーストを作りました！ スープとご一緒に。

（たんぱく質）**16 g** （脂質）**8 g** （糖質）**45 g**

美女トースト

（ベーグル1つ
を輪切りに）

炊飯器
ミネストローネ

【材料（3〜4人前）】トマト缶
（カット）1缶、玉ねぎ 2個、
にんじん 1本、えのき 1株
程度、鶏もも肉 1枚（200 g
程度）、固形スープの素 2片、
きざみにんにく 小さじ2、塩
こしょう 適量

乗せるだけ

「美女トースト」は、ミニトマトを半分に切り、オリ
ーブオイルと和える。焼いたパンに、カッテージチ
ーズ、トマトを乗せ、スパイス塩をかけて完成！
【材料（1人前）】好きなパン、ミニトマト 好きな
だけ、カッテージチーズ 好きなだけ、オリーブオ
イル 小さじ1/2程度、好きなスパイス塩

「炊飯器ミネストローネ」は、野菜を1cm角なに切り、
鶏もも肉は2〜3cm角に切る。材料をすべて炊飯
器に入れ、トマト缶を入れた後、その缶1.5缶分の
水（分量外）を加える。通常炊飯1回、かき混ぜて
塩こしょうをしたら完成！

NON PLATE O3

プレート以外でも黄金比!!

ツナカテチトースト＋

水菜ときのこと鶏肉のスープ

ツナカテチペーストに使うカッテージチーズは「うらごし」タイプが圧倒的においしい！
しょうゆを入れるとコクが出て、ラカント S or てんさい糖を入れると味がまろやかに。

たんぱく質 **21 g** 脂質 **6 g** 糖質 **45 g**

ツナカテチトースト
（6枚切り1枚）

水菜ときのこと
鶏肉のスープ

【材料（4人前）】鶏もも肉 1枚
（300 g程度）、水菜 1袋、しめじ
1株、えのき 1株、水 800cc、
白だし 大さじ3、きざみにんにく
小さじ2、塩こしょう 適量

焼くだけ

「ツナカテチトースト」は、材料を混ぜ合わせてツナ
カテチペーストを作り、パンに塗って焼くだけ！【材
料（3〜4人前）】カッテージチーズ 100 g、ツナ
水煮缶 1缶（汁気絞る）、玉ねぎ 1/4程度（みじ
ん切りに）、おろしにんにく 小さじ2、醤油 小さ
じ1/2、ラカント or てんさい糖 ひとつまみ、低カ

ロリーマヨネーズ 大さじ2、こしょう 適量
「水菜ときのこと鶏肉のスープ」は、しめじ、えのき、
水菜を食べやすく切る。鶏もも肉は一口大に切り、鍋
に皮目から入れて焼き色をつける。出た油を拭き取り
ながら、きのこを入れて炒める。水や調味料を入れて
灰汁を取り、水菜を加えてひと煮立ちしたら完成！

NON PLATE O4

プレート以外でも黄金比!!

牛すじカレー＋

酢の物＋ひじき

カロリーが気になるカレーも、ダイエットによいとされるリコピンを含むトマト缶を使い、
牛すじ肉の脂を落として入れればヘルシーで食べ応えあり！　炊飯器で簡単にできます。

たんぱく質 25ｇ　　脂質 8ｇ　　糖質 50ｇ

ひじき ——

酢の物

牛すじカレー

炊飯器に入れるだけ

「牛すじカレー」は、お鍋にたっぷりの湯を沸かし、牛すじ肉を10分ほどゆで、マメに灰汁をとり、ざるにあけて水でしっかり洗い流す。玉ねぎ、舞茸、えのきは適当な大きさに切り、カレールー以外のすべての材料と、トマト缶1.5缶分の水を炊飯器に入れ、軽く混ぜたら通常炊飯1回。1回目の炊飯が終わったらカレールーを入れてかき混ぜ、2回目の通常炊飯。炊飯が終わったらかき混ぜて完成！

【材料（4人前）】牛すじ肉 300ｇ(赤身の多いものを選ぶ)、玉ねぎ　2個、舞茸　1パック、えのき　1株、トマト缶　1缶、水　トマト缶1.5缶分、きざみにんにく　大さじ1、カレールー　4人分

05

プレート以外でも黄金比!!

鶏肉とお豆のトマトカレー＋

豆腐じゃこサラダ

カレーのお豆、サラダの豆腐からは脂肪燃焼効果のある植物性たんぱく質、鶏肉やじゃこからは
筋肉になりやすい動物性たんぱく質がとれる！　理想のまる飯です。

たんぱく質 22 g　脂質 15 g　糖質 50 g

豆腐じゃこサラダ

（写真は 2 人前）

鶏肉とお豆の
トマトカレー

炊飯器に入れるだけ

「鶏肉とお豆とトマトのカレー」は、鶏もも肉はひ
と口大、玉ねぎときのこは食べやすい大きさに切る。
すべての材料を炊飯器に入れ通常炊飯 1 回で完成！
【材料（4 人前）】鶏もも肉　1 枚（300 g 程度）、玉
ねぎ　2 個、好きなきのこ　2 株、ミックスビーンズ
缶　1 缶（120 g）、カレールー　4 人分、トマト缶

1 缶、水　トマト缶 1.5 缶分
「豆腐じゃこサラダ」は、好きな野菜に豆腐 75 g
（150 g サイズの小さい豆腐の半分）を適宜乗せ、
じゃこを大さじ 1 乗せる。脂質の低いトリュフだれ
（ポン酢、塩などでも OK）をかけて完成！

早見表でラクラクメニュー決め

黄金比の「1（たんぱく質・脂質）：1（炭水化物）：2（野菜や汁物）」を実践するときに、「どんな食材が、どのくらいの量で、摂取量がどのくらいになるのか」がわからないと、何をどう食べていいか迷ってしまう……。そんな人に向けて、私が作った「まるやせ表」から、多くの人が頭を悩ます「たんぱく質（おかず）」と、飽きないように工夫したい「炭水化物（主食）」についてまとめた一覧表の一部を公開します。

この表の最大のポイントは、よく使う食材が、よく使う量で表記され、たんぱく質、脂質、炭水化物の摂取量がひと目でわかること！

「たんぱく質（おかず）」は、プレート法を取り入れやすい朝食メニューのときに、度々登場する食材を数多く取り上げています。「炭水化物（主食）」は、米類のほか、パン類、麺類なども入れました。

「主食は『白米』で炭水化物が45g、おかずを『鮭の切り身』にすると、たんぱく質18g＋脂質4gで少し足りない。じゃあたんぱく質・脂質の食材を足そう」など、黄金比のメニュー作りに役立ててくださいね。

たんぱく質（おかず）

食材	量	たんぱく質	脂質	炭水化物
卵 （生卵、目玉焼き、ゆで卵などで使用）	Mサイズ1個 ※60g	7g	6g	0g
だし巻き卵	2cmくらいの 2切れ ※70g	8g	6g	0g
ロースハム	4枚	6g	1g	2g
ウインナー	1本	2g	5g	1g
鮭	1切れ	18g	4g	0g
鶏もも肉 （　）内は皮なしの場合	100g ※5cm角×3つ程度	17g (19g)	14g (5g)	0g (0g)
皮なし 鶏むね肉	100g ※5cm角×3つ程度	21g	5g	0g
豚こま	100g	18g	18g	0g

カロリーが高いと思われがちな鶏もも肉でも、皮を取りのぞけばむね肉と大差ないのがわかるよね。ダイエット中でも鶏もも肉を楽しんで！

たんぱく質（おかず）

食材	量	たんぱく質	脂質	炭水化物
牛ヒレ （ローストビーフ、カレー、 シチューなどで使用）	100g	21g	5g	0g
ホタテ	Mサイズ5粒	17g	0g	4g
エビ	Mサイズ5匹	24g	0g	0g
納豆	1パック	8g	5g	6g
ツナ缶 （ノンオイル水煮）	1缶 ※70g	13g	1g	0g
サバ缶 （水煮）	1缶 ※200g	42g	22g	0g
豆腐	150g ※3連の1パック	7g	5g	3g
スライス チーズ	1枚	4g	5g	0g

ダイエット中に重宝するのがエビ、ホタテ、ツナ缶。超低脂質で高たんぱく。冷凍or缶のストックがあると心強いよ！

糖質（主食）

食材	量	たんぱく質	脂質	炭水化物
白米	軽めに1杯 ※120g	3g	0g	45g
玄米	軽めに1杯 ※120g	3g	1g	43g
食パン	6枚切り1枚	6g	3g	28g
フランスパン	1/3本 ※80g	8g	1g	46g
うどん	1玉 ※ゆで上がり時230g	6g	1g	50g
そば	1束 ※ゆで上がり時260g	12g	2g	57g
パスタ	1束 ※ゆで上がり時250g	13g	2g	71g
オートミール	30g	4g	2g	20g

白米はお茶碗1杯、パスタは1束の8割ほどであれば食べても太らない！
糖質は大切なエネルギー源なので抜かないでね。

たんぱく質・脂質をひと工夫

黄金比のうち、多くの人がどんなものを組み合わせたらいいのか迷うのが、たんぱく質・脂質のメニュー選びです。そこで、ヘルシーで満足度の高いメニューを考えるときに役立つ、肉選びのコツを紹介します。

① 脂質の低い部位を選ぶ

低脂質、高たんぱくな肉を選びましょう。具体的には、牛ヒレ、牛もも、牛かた、豚ヒレ、豚もも、鶏ささみ、鶏むね＆もも（皮なし）です。

② 脂身を取って使う

脂身を取れば、70〜80％のカロリーカットに！ ただし、鶏肉の皮、牛豚の脂身には、うまみ成分やお肌にうれしいコラーゲンも含まれているので、神経質に取り除きすぎずに、できる限りでやっていきましょう。

③ 鶏ひき肉で代替

ひき肉料理は鶏ひき肉で作ると、カロリーを抑えることができます。

このほか、肉選び以外にも知っておくとカロリーオフに役立つテクニックを次ページで紹介します。

きのこは冷凍すると酵素が働き出す
そう。日持ちもして栄養価がアップ
するので、まとめ買い＆下処理をし
て冷凍庫へイン！

きのこは冷凍保存
すると便利

1

かさ増し

低カロリーで栄養価の高い「きのこ類」
「切り干し大根」などは、ダイエット
中に積極的に使いたいかさ増し食
材。私は、毎日きのこを食べています！

使いやすいサイズにほぐしたり、
切ったりして、種類ごとに冷凍用
保存袋に。1～2週間、長くても
1か月程度で使い切ろう。

脂質の少ない牛もも肉に塩こ
しょう（あればにんにくパウ
ダー）をかけて、アルミホイ
ルに包み、魚焼きグリルで焼
くだけの「ローストビーフ」。

2

脂質カット

脂身の少ない牛もも肉で作るロース
トビーフ、切り干し大根入りハンバー
グなど、少しの工夫でダイエット中で
も満足感のある肉料理が楽しめます。

鶏ひき肉に塩麹、こしょうを入れ
て混ぜ、水で戻して刻んだ切り干
し大根、刻んだえのき、卵を加え
て作った「腸活ハンバーグ（切り
干し大根入りハンバーグ）」。

低カロリーのマヨ
ネーズなら脂質が
かなり抑えられ
る！ 敬遠せずド
レッシングの気分
で使おう。

脂質の低いトリュ
フだれを、ドレッ
シングとして使う
と、シンプルなサ
ラダも一気に高級
感あふれる味に。

3

ドレッシング選び

ヘルシーな野菜も、ドレッシングをたっ
ぷりかけて食べていると脂質オーバー
に。脂質の低いタイプのものや、低カ
ロリーマヨネーズを上手に取り入れて。

太らないおやつの考え方

甘いものをがまんしすぎると、脳も体も甘いものを欲して、ストレスによるドカ食いのもと。せっかくちょいトレをがんばっても水の泡です。ダイエット中でもおやつをがまんせず、ストレスフリーにやせるのが、まる式です‼

そのときに守りたいルールが、1日あたり「炭水化物15g（MAX 20g）、脂質5g程度に抑える」こと。そう聞くと「手作りのお菓子じゃないと無理なのでは……」と思う人もいるかもしれませんが、市販のお菓子でも、パッケージ裏の栄養成分表示を見れば、1袋あたり、あるいは、1個あたりの炭水化物と脂質をチェックできます。探してみると、意外と「炭水化物15g（MAX 20g）、脂質5g」以内で、いろいろなお菓子を食べられますよ（左ページ参照）。

さらに、1日のうちで代謝が高くなる14〜15時の間に食べれば、おやつがダイエットの邪魔をすることはないはず。実際、12kgやせた私は毎日おやつを食べていても、体型はほぼキープしています。

栄養成分表示 1枚（標準10g）当たり	
エネルギー	51kcal
たんぱく質	0.6g
脂　質	3.0g
炭水化物	5.5g
食塩相当量	0.037g

（推定値）

ここをチェック！

**炭水化物15g、
脂質5g以下ならOK！**

市販のお菓子を選ぶときは、パッケージに書かれている栄養成分をチェック！ 炭水化物15g、脂質5g以内なら食べてもOK！

OYATSU

12キロやせても食べているおやつ

和菓子

おはぎ、わらびもちなど、和菓子は脂質が低いので、洋菓子と比べると太りにくい！ だからといって食べ過ぎないように注意。

OIMO ♥

WAGASHI ♥

いも類

干し芋、焼き芋など、さつまいもは食物繊維が豊富で、腸の働きを整える効果も！ 干し芋は砂糖など余計な糖が入っていないものを。

スナック類

子育てママにおなじみの3～5連スナック菓子や、小分けのチョコ菓子。写真の商品はすべて1袋あたり、炭水化物15g以内、脂質5g以内!!

＼1コならOK！／

SNACK ♥

CHOCOLATE ♥

＼小分け1袋ならOK！／

まる式ダイエットで こんなにやせました！

AFTER

BEFORE

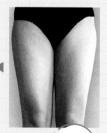

脚 やせ

59kg ▶ 49kg
ひぃちゃんさん

主にがんばったまる式ダイエット：まる式食べやせ法、骨格ウェーブさん向けメニューMISSION3（P63～）

みんなに一言：太もも−10㎝、念願のスキニーがはけるようになった！

AFTER

BEFORE

脚 やせ

75kg ▶ 55kg
しめごりさん

主にがんばったまる式ダイエット：厳選神7（P30～）

みんなに一言：全身やせて、最終的にマイナス20kg達成！

AFTER

BEFORE

二の腕 やせ

54kg ▶ 46kg
M.Hさん

主にがんばったまる式ダイエット：後ろ姿マイナス5歳！　二の腕・背中トレ（P88～）

みんなに一言：あきらめていたゴツい肩まわり、太い二の腕もスッキリ!!

AFTER

BEFORE

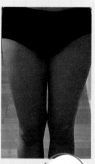

脚 やせ

66kg ▶ 61kg
ななたさん

主にがんばったまる式ダイエット：骨格ウェーブさん向けメニューMISSION3（P63～）

みんなに一言：1週間で太ももやせを実感！

エグイほど変わる!!

\ 教えて! まるさん /

もっと知りたい!
本気やせ Q&A
マジ

やせるための運動や食事についての疑問から
ダイエットにつきものの「三日坊主」や「停滞期」まで
楽しく続けて結果を出すためのアドバイスがいっぱい!

潔く寝る！明日がんばろう!!

疲れてしまって何もやる気が起きないときは、無理をせずに、潔く寝ちゃいます（笑）。がんばるだけでなく、体にも心にも、そして筋肉！にも、休息は大事。しっかりと睡眠をとって、体力回復。気持ちを切り替えて、明日がんばりましょう。

Q 疲れていてちょいトレをどうしてもやる気になれないときは？

Q とにかく早くやせたい！どのトレーニングからしたらいい？

大きな筋肉から鍛えよう！

短期やせには、ズバリ！　大きな筋肉から鍛えること。これは、どの骨格タイプの人にも共通!!　筋肉量が増えると代謝が上がって、見た目も変わりやすくなるからです。上半身なら背中、下半身ならお尻〜太ももの筋トレがおすすめ。

Q 両親も兄弟もみんなぽっちゃり……ぽっちゃり遺伝でも変われますか？

私もずっとぽっちゃりで、特に下半身はウェーブなので脚から太るのが悩みでした。でも、骨格は変えられないけれど、筋トレやストレッチで筋肉のつき方を変え、張りをほぐしたら、サイズダウンして変われました。あきらめずに、骨格別ちょいトレを。

筋肉の付き方を変えれば変われる！

食事編 について

Q イベント、旅行などでつい食べ過ぎてしまったときは？

黄金比「1:1:2」を実践しよう！

基本は、まる式食べやせ法の基本・黄金比「1:1:2」の食事を。さらに、①食物繊維をとる、②カリウムの多く含まれる食材を積極的にとる、③お水をたくさんとる。これで胃腸の老廃物を押し出しちゃいましょう！！

Q プレート法は野菜の割合が多いですが野菜が苦手な場合、いい方法はありますか？

野菜入りスープや味噌汁で工夫を！

野菜が苦手な人は、スープや味噌汁に野菜を入れて食べてもOK！ 生で食べるよりもカサが減るので量もとりやすいです。また、野菜の代わりに、きのこ類、海藻類で補っても大丈夫！ 自分のやりやすい方法で続けてみてくださいね。

Q ストレスでつい暴飲暴食しそうなときはどうやってコントロールしたらいい？

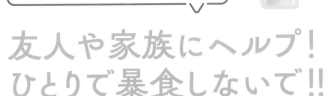

友人や家族にヘルプ！ひとりで暴食しないで！！

イライラしてカロリー高めの甘いものやこってりしたものが食べたくなったときは、私は親友や妹にヘルプ！ 遊ぶ予定を入れます。そうすると、ひとりで暴食するのを防げるし、よい思い出にもなるから。やってみてね。

Q とにかく短期でやせたい！
運動、食事、何から始めたらいい？

まずは食事！
＋できる限りの
運動を！

私が考える最短ルートは、まずは食事改善！ 次にできる限りの運動。これを2週間続けてみて。食事改善のポイントは黄金比「1:1:2」で、ゆる糖質オフ＆脂質オフ。運動は骨格別ちょいトレで。2週間後の自分を楽しみに、がんばろう！

私の停滞期は、ダイエットのやり方を見直したことで脱出できました！ 食事は、塩分＆脂質のとりすぎに注意してカリウムの多い食材（たとえば切り干し大根、きゅうり、トマト、さつま芋など）を。むくみ解消効果あり。

Q ダイエット中、生理で体がつらいときはどう過ごしたらいい？

生理1〜2日目は無理をしないで！

生理1〜2日目はホルモンバランスが乱れたり、むくみやすかったりします。だから私は、運動は完全OFF。ただ、暴食しないようにだけは気をつけています。ちなみに生理後1週間はやせ期！ ここでがんばると最も効率よくダイエットできるよ。

Q 本気でがんばっているのに、
体重がなかなか落ちないときは？

停滞期はやり方を
見直すチャンス！

チリツモやせ癖3選をやってみて！

Q 忙しくて心身ともに余裕がなく、トレーニングの時間がとれないときは？

私が実践した「チリツモ3選」を紹介するよ。①お腹を凹まして過ごす（＝ドローイン）。②肩回し（二の腕＆わき腹やせ、姿勢改善）。③1回ずつ箸を置く（ながら食い＆早食い解消）。どれも日々気づいたときにやってみて。

Q ダイエットはいつも三日坊主！続けるコツを教えてください

1分だけ やってみよう!!

「○時から1分だけやる」を試してみて。寝る前、朝起きたら、帰宅したら……の1分でもOK。たった1分でも続けていくうちに習慣になり、体も変わってきます。そうすればしめたもの！ もっとやりたくなってくるよ。

Q 食べ過ぎても太らないコツを教えて下さい

連続して 食べ過ぎないこと！

食べ過ぎたって大丈夫！大事なのは連続して食べ過ぎないこと。食べたものを消化する前に、また食べものを体に入れると消化しれない量が増えて、むくみや脂肪に。胃腸は消化する時間をとってあげれば、一気に太ることは防げます。

ダイエットは楽しい!!

私がダイエットをすると決めたとき、「自分に喝を入れるために」は、ありのままをさらけ出すしかない」とインスタグラムに自分の現状の写真をアップしました。インスタを通じて、自分と同じように子育て中でも一緒にがんばってくれる仲間ができたり、くじけそうなときに素敵な言葉をかけてもらったり……。

ダイエットに取り組んでいる間、ずっと楽しかった！ それはフォロワーさんのおかげです。心から感謝しています。

やせるために運動をして食事を見直したら、元気で疲れにくくなりました。生活にハリが出て部屋もきれいになり、毎日のお化粧もお洒落も楽しんでいます。目標にしていたスポーツ番組「SASUKE」の予選会にも出場することができました！

ダイエットがうまくいかないのは、あなたのせいじゃない。やり方があなたに合っていないだけ。誰でも変われる！ 幸せになれる!! それを信じて、これからも一緒にがんばりましょう。

まる

著者：まる

インスタグラムのフォロワー28万人超(2023年11月現在)。ダイエットのモチベを上げる人として、短期集中ダイエットを全力応援し続けるママダイエッター。万年ぽっちゃりで一時はウエストが90cm超、体脂肪が34%。そこから「本気やせ」を目標に、3か月で−12kg、最終的に−14kgを達成する。投稿には1万を超えるコメントがつくなど大人気。ダイエットに成功した次の目標は「SASUKE」出場。

X X(旧Twitter) @honkidasumaru
Instagram @honkidasumaru
YouTube まるトレchannel

1回1分! 本気(マジ)やせダイエット

3か月で体重60kg→48kg、食べてもやせる!

2023年12月20日　初版発行
2024年3月20日　4版発行

著者　　　まる

発行者　　山下　直久

発行　　　株式会社KADOKAWA
　　　　　〒102-8177　東京都千代田区富士見2-13-3
　　　　　電話 0570-002-301(ナビダイヤル)

印刷所　　大日本印刷株式会社

製本所　　大日本印刷株式会社